Graphical Explanation

社会授業デザイン

【図解】

解

子どもの問いを深める49の視点

佐藤正寿 [著]

はじめに

研究会で若い先生方と話すと，「社会科の指導について学ぶ機会が少ない」という話を時々聞きます。確かに，学校の研究として対象としている例も国語や算数に比べれば少ないでしょう。

その先生方は授業研究に熱心な先生方です。勤務時間以外の貴重な時間を費やして研究会に参加しています。実践している指導法に満足せずに，少しでも子どもたちのために自分自身を向上させようとしています。それでも，こと社会科に限っては授業参観も研修の機会も限られているとのことです。

その点，私は幸せでした。小学校教員になった1980年代は社会科の授業研究が盛んでした。身近なところに社会科の研究校があり，地域の社会科研究会の活動も盛んでした。研究授業も定期的に行われ，先輩からの声かけで自分自身が研究授業をする機会も2年に一度はありました。その際には，多くのことを先輩から教えていただきました。

また，教育雑誌や書籍等には良質の教育情報があり，社会科教育の著者の書籍を次々と購入しました。書籍を読むだけでは物足りず，時には首都圏で開催された研究会に何度も足を運びました。費用はかかりましたが，それらで得た学びも自分の血となり肉となり，担任している子どもたちに還元できました。

今はインターネットで様々な情報が入手できますし，さらにオンラインで開催されている研究会もあり，外部への研究会参加も便利になりました。それでも「社会科の指導について学ぶ機会が少ない」というのは，その先生方に必要な情報が届いていないということでしょう。

本書は，私がこのように学んだり，実践したりしたものを文章と図解形式でまとめたものです。今までイラスト付きの書籍を発刊することはありましたが，図解を含めた形式で執筆するのは初めてのことでした。

図解のよさは，視覚的に流れを見ることができたり，比較することで考えたりすることにあります。本書は見開きで1項目になっており，最初に文章を読み，図解でその内容をより理解できる形式になっています。内容については，各項目の基本的な指導の原則と具体例の両方を可能な限り入れるようにしました。若い先生方にも理解しやすいと思われます。

　また，第1章から第10章までを順番に読む必要はありません。最も自分が必要としている部分から読むことをお勧めします。最初に目についた章が読者の皆様にとって一番必要な内容であると考えます。

　本書が皆様のこれからの社会科授業の参考になればと願っています。そして私が経験したように，本書から得られた学びが子どもたちに還元されるのであれば，これほど嬉しいことはありません。

　本書を出版するにあたっては編集担当の新井皓士さんに大変お世話になりました。執筆のペースが遅くご迷惑をおかけしましたが，無事出版にこぎつけることができました。

　心から厚くお礼申し上げます。ありがとうございました。

2023年3月

佐藤正寿

CONTENTS
もくじ

第3章　学習問題づくりと単元づくり

第4章　発問の技術

第5章　板書・ノート指導

第6章 資料提示・資料活用

第7章 調査活動・話し合い活動

第8章 UD授業とICT活用

第9章　学習評価・ワークシートとワークテスト

第10章　教材研究

第1章 楽しい授業づくりの原則

01

クイズ・ゲームを
楽しいだけで終わらせない

1 クイズ・ゲームに必要な視点

　授業にクイズやゲームを取り入れることは楽しいものです。しかし，楽しいだけで終わって，子どもたちに何が身に付いたかあいまいな場合があります。

　そこで必要になってくるのは，クイズ・ゲームの目的が何かを明らかにすることです。また，単発ではなく繰り返し行うことができるクイズ・ゲームという点も必要です。**目的が明確で何度も繰り返し行うクイズやゲーム**であれば，授業にも取り入れやすくなります。

2 学習内容の定着を目的としたクイズ・ゲーム

　学習内容を授業で定着させるために教師がクイズ・ゲームのパターンを次のようにいくつか知っておくことで，１時間の中に短時間で何度も組み入れることができます。

・〇×クイズ　（本時の学習内容を〇か×かで問う）

・二者択一，三者択一，四者択一　（選択したものを理由付けさせる）

・間違いの指摘　（間違いを指摘させる）

・穴埋め　（重要語句を穴埋めで考えさせる）

---

3 興味・関心を高め，本時のねらいに迫る導入クイズ

興味・関心を高めるために，たとえば「学校の近くで火事が起きた時，消防車は何分ぐらいで来るだろうか」のように「数を問うクイズ」をする場合があります。

このようなクイズの場合には，その後の学習に関わりのある気づきを子どもたちにもたせることが大事です。たとえば，「消防車が５分で来る」ということであれば，子どもたちは「早い！」と実感できることでしょう。そしてその秘密は何なのか知りたいと考えます。

興味・関心を高めるだけではなく，本時のねらいに迫る導入クイズになります。

楽しいだけのクイズ・ゲームにならないようにするためには？

目的を明確にして，繰り返し行えるものに

例① 目的：学習内容の定着 授業中に繰り返し行うもの	例② 目的：興味・関心を高める 導入クイズ
○× クイズ ／ ○者択一	火事の時，消防車は何分で来る？
間違いの指摘 ／ 穴埋め	5分？そんなに早いんだ！なぜ？

02

授業開きでわくわく感や
見通しをもたせる

1 授業開き例あれこれ

　授業開きでは，子どもたちに社会科授業に対してわくわく感や見通しをもたせることが大切です。たとえば以下の事例が考えられます。

①おもしろ教材（ネタ）提示

　学習内容で，子どもたちが興味を示す資料や事実を提示する

②クイズ・ゲーム

　学習内容をクイズ化・ゲーム化することで，楽しく学習に参加

③「学習の流れ」の提示

　一単元や一単位時間の基本的な学習展開の流れを，子どもの立場で「学習の流れ」という形で示す

④学習技能の指導

　資料の読み取りといった社会科で育てたい学習技能や，ノートの取り方といった今後の学習で必要とする学習技能を指導する

⑤教科書活用

　教科書の最初には前学年での学習内容と1年間の学習内容が写真入りで紹介されている。その内容を授業開きで扱う

⑥地図帳・資料集活用

　地図帳や資料集の使い方を授業開きで教え，「授業中に調べる必要性があったら，どんどんと使おう」と約束事を決めておく

⑦情報ツール活用

　授業開きで情報機器の活用の方法を教えたり，参考ホームページを教師が

紹介したりすることで，その後の情報収集活動への意欲を高める

　これらは①②が「楽しさ中心」，③④が「学習方法中心」，⑤⑥⑦が「教材中心」ともいえます。それぞれのよさを組み合わせて行うことも可能です。

2　学習の意義を考えさせる

　3年生の授業開きの最後に教科書や地域の写真を提示して，「このように学区を見学したり，お店や工場を見学したりするのはなぜでしょう？」と聞きました。「くわしく社会の様子を知ることができる」「自分たちが関係している施設のことがわかる」等の反応が出てきました。

　このように学習の意義を聞くことは学ぶ目的を意識化することにつながります。

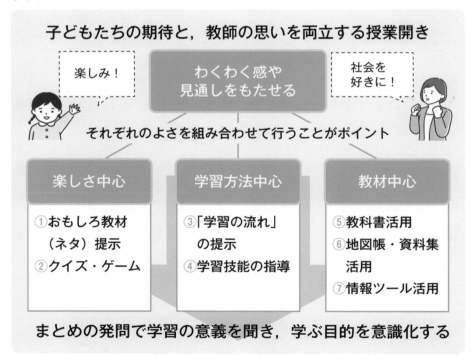

子どもたちの期待と，教師の思いを両立する授業開き

楽しみ！　　わくわく感や見通しをもたせる　　社会を好きに！

それぞれのよさを組み合わせて行うことがポイント

楽しさ中心	学習方法中心	教材中心
①おもしろ教材（ネタ）提示 ②クイズ・ゲーム	③「学習の流れ」の提示 ④学習技能の指導	⑤教科書活用 ⑥地図帳・資料集活用 ⑦情報ツール活用

まとめの発問で学習の意義を聞き，学ぶ目的を意識化する

03

繰り返しできる
「定番のミニ活動」を準備する

1　ミニ活動「○○インタビュー」

　日常の学習活動に少しアイデアを加えるだけで，子どもたちの活動は豊かになります。たとえば，社会科では様々な人が登場します。「学んだことを『○○さんにインタビュー』という形でまとめてみましょう」と働きかけるだけで，子どもたちの取り組みぶりは変わってきます。

　たとえば，4年生の「先人のはたらき」の学習で，地域の発展に尽くした人に自分が当時にタイムスリップしてインタビューをしたという設定をするだけで，子どもたちは「おもしろそう」と意欲を示します。同じことは，「歴史人物ヒーローインタビュー」という形でもできます。もちろん歴史人物だけではなく，授業で扱った今も活躍している人のこともインタビュー形式でまとめられます。

　時間にすれば10〜15分ほどのミニ活動ですが，繰り返し様々な学習内容でできることが特色です。「定番のミニ活動」として授業に組み入れていくことで，子どもたちは楽しく活動に取り組みます。

2　コンテスト風にして発表する

　グループで「自分たちにできることは何か」「新しい○○について提案しよう」といった場合には，アイデアを出してそのよさを認め合うという形が多いと思われます。

　そのうえで「コンテスト風」にしてみる活動も楽しいものです。たとえば，

グループで1人，「水を大切にしようコンテスト」で代表を選びます。さらに，各班から選ばれた代表からさらに上位を決めていきます。選び方も複雑にせず，グループ内だったら「せーの」と声を合わせて代表と思う人を手で示したり，全体だったら拍手の大きさ（全員に拍手するが特によかった人には強く拍手する）で決めたりします。明るい雰囲気で楽しむことがコンテスト風発表のポイントです。

　なお，代表や上位者を選んだあとは，子どもたちも感想を言いやすいものです。「○○さんのアイデアは，みんなが水を大切にしたくなると思いました」といった感想を交流し合う場も設けましょう。

同じ学習活動だとちょっと物足りない…

→ 定番のミニ活動で子どもが意欲的に取り組める！

例1　○○インタビュー
「用水路が完成した時の気持ちはどうでしたか？」 「取り組んだかいがありました。村人も苦労しなくてすむと思いました」 ⇒自分の意見が言いやすくなる

例2　コンテスト風
「代表を選ぼう。せーの！」 （○○さんが代表に決まる） 「○○さんのアイデア，思いつかなかったよ」 ⇒感想の交流がしやすくなる

ミニ活動は，定番にして繰り返し行うことで楽しさ，明るさが増す

04

地図づくり活動で
情報活用能力を育てる

1 学習内容に応じた地図づくり活動

地図に関わる活動も楽しいものです。地図帳の地名探しなどは定番ですが，ここでは子どもたちが熱中する地図づくりを紹介します。どの学年でも以下のように学習内容に応じた地図づくりができます。

> ・3年：スーパーマーケットなどの見学先の地図づくり，学校周辺の交通施設地図・消防施設地図づくり
> ・4年：県〇〇地図（県果物地図，県伝統工芸品地図など）日本の略地図づくり，都道府県の略地図づくり
> ・5年：日本〇〇地図（りんごやじゃがいも等の各種生産量，人口地図・面積地図など）
> ・6年：歴史〇〇地図（文化遺産，歴史人物，戦いなど）世界〇〇地図（各国の特色を書き込む）

どの学年の活動も子どもたちが，自分で情報を確認して地図をつくりますから，情報を活用する力が身に付きます。特に5年生では地図帳の統計資料を使わせましょう。なお，4〜6年生では各都道府県地図，日本地図，世界地図の白地図を多めに印刷しておくと，すぐに活動に取り掛かることができます。また，グループで地図づくりをする際にはタブレット端末等の協働編集機能を使って1枚のデジタル地図にまとめることもできます。

2 わかること・いえることを考えさせる

地図づくりの活動自体に，情報活用能力を育てる点では意味がありますが，時には地図づくりのあとに「わかること」「いえること」を考えさせてみましょう。

たとえば，5年生の日本みかん地図で生産の多い県を見ていくと，一目で暖かい県が多いことがわかります。さらに「なぜ，みかんづくりは暖かい地方で盛んなのか」と調べさせてみましょう。子どもたちは地図づくりから，1つの社会事象とその理由について自力で新たな発見をしたことになります。

このように地図づくりは発展性のある学習活動にも結び付くのです。

学年別　子どもが熱中する地図づくり活動例

3年	4年	5年	6年
地域の学習の地図づくり	県の特色の地図づくり	日本の特色の地図づくり	歴史と世界の地図づくり

調べて地図をつくるのは楽しい！
⇒情報活用能力の育成に

発展性のある学習活動につなげるために，教師が問う

わかること・いえることは？なぜ？

子どもたち自身の力で新たな発見へ！

05

「知る」「調べる」「使う」で
学習用語を身に付ける

1　最初は「知る」機会をつくる

学習用語はその時間はもとより，その後の学習でも使うことが多いものです。まずは，授業で扱う学習用語を，教師自身が「大切な用語」として扱うことが大切です。以下のようにして扱いましょう。

> ・学習課題にキーワードとして取り上げる
> ・調べたり，話し合ったりする過程で扱う
> ・板書時に色チョークで示す
> ・教科書の用語を丸で囲むようにさせる
> ・まとめの文を書く際に，その用語を入れて書くように指示する

このように1時間の学習の中で，子どもたちが，その用語を見たり，聞いたり，実際に書いたりして何度も接するようにします。知る機会が多いほど，学習用語は馴染みやすいものになります。

2　日常的に「調べ，使う」ようにする

子どもたちにとって意味が不明な学習用語が出てきた場合，タブレット端末ですぐに調べさせることによって子どもたちの理解は深まります。その際重要なことは，自主的に調べることにしておく習慣を身に付けさせることです。一人ひとりが自主的に調べられる環境を用意することは教師の大切な役

目です。

　また，学習用語も日常的に使わなければ，「身に付いた」状態にはなりません。３年生で東西南北の四方位を学習しますが，「岩手県は宮城県の上にある」というような発言に対して「『上に』を社会科の言葉で言うと？」と問い返し，考えさせたりします。すると，「『北』だった」と子どもたちの意識も高まります。

　そのうえでさらに，「この教室では北はどこか？」「自分の席から見て，南側の人は誰か」といったクイズのような問いかけを意図的にすることも効果があります。

大前提	学習用語＝大切な用語として 教師自身が扱うこと

「馴染む」 子どもが知る	・学習課題のキーワードから ・授業過程で　・板書から ・教科書から　・まとめの文から　…など

「活用する」① 自主的に調べる	「活用する」② 日常的に使う
授業で調べる習慣をつける	発表で使う習慣をつける

真に学習用語が「身に付いた」状態になる

ゲーム・クイズの意義を
意識させる

　社会科は学習内容のゲーム化・クイズ化がしやすい教科です。実際に授業にゲームやクイズを取り入れると，子どもたちは喜んで取り組みます。「楽しい」というのが一番なのですが，「知識も得られる」という意義も子どもたちに意識させると，ゲーム・クイズにより前向きになります。

　私が担任していた頃に地図学習に関する定番のゲームとして「都道府県3クエスチョンゲーム」がありました。
①あらかじめ教師が用紙に答えとなる都道府県名を1つ書いておきます。
②子どもたちが日本地図を見ながら，その都道府県を当てるための質問をします。（例「何地方？」「何の形に似ている？」「有名なものは？」）
③教師が質問ごとに答えていきます。答えを手掛かりに子どもたちは答えを当てます。
　子どもたちは喜んで質問をして，各都道府県の知識（どの地方にある，形や名産等）も身に付けていきました。また，子どもたちだけでできるゲームなので，ペアやグループですきま時間に子どもたちは自主的に取り組み，楽しんでいました。

　ただし，子どもたちが喜んで取り組んだのには理由がありました。それは，私がゲームをしながら，「このゲームをするとどのようないいところがあるかな？」というように，ゲームの意義も意識させたからです。「九州地方と聞いて，九州の各県の名前や形を覚えられた」「その都道府県の知識も増えた」という子どもたちの反応に，「楽しくて知識が身に付くから，このゲームは価値があるね」と私も答えました。このようにゲームやクイズのあとの意義付けは，子どもたちにとっての学習意欲の促進剤になるのです。

第2章 教科書分析と活用

06

教科書のパーツの
掲載意図を分析する

1 資料の掲載意図を考える

　教科書には多くのパーツが掲載されています。その中でも写真やグラフ，図等の資料が一定のスペースを占めています。それらを分析する際に，「どういう意図でこの資料が教科書に掲載されているのか」という掲載意図を考えてみましょう。たとえば，次のような資料例が挙げられることでしょう。

　　・子どもたちに中心的事象を追究させる資料（追究型）
　　・事実をわかりやすく解説する資料（解説型）
　　・補足する程度の資料（補足型）

　このように資料の大きさ，本文や学習内容から自分の判断でよいので分類して，「○○型」とネーミングしてみることで活用方法が決まってきます。

2 他のパーツのチェック点から活用を考える

　資料以外のパーツの活用点は次の通りです。

■「子どもの作品」

　ノート例やまとめている例などの子どもの作品では，教えるべき学習技能に注目します。例をもとに書き方の工夫を考えさせます。

■「○○さんの話」

　まずは，学習内容に携わっている専門家が教科書に登場する意味を教師が意識するようにします。ゲストティーチャーを教室に招く時と同様です。そして，文章から「思い」「工夫」「苦労」等，人の話ならではの具体的なエピ

ソードを読み取らせるようにします。教える内容はもちろん，「すばらしい」「大変だ」というように感じたことをチェックするようにします。

■「学び方」「学習活動」

　学び方や学習活動は，子どもたちにとっての手引きになります。実際に自分の学級の実態と比べてみましょう。説明を追加する必要がないか考えます。

　このように「なぜ掲載されているのか」ということを意識しながら教科書を研究していくことで，授業でどのように資料や本文，パーツを扱ったらよいか，どのような発問をしたらよいかが見えてきます。

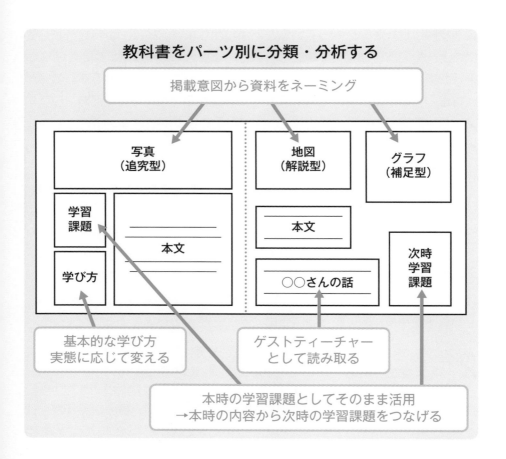

教科書をパーツ別に分類・分析する

掲載意図から資料をネーミング

写真
（追究型）

地図
（解説型）

グラフ
（補足型）

学習課題

本文

本文

学び方

○○さんの話

次時学習課題

基本的な学び方
実態に応じて変える

ゲストティーチャー
として読み取る

本時の学習課題としてそのまま活用
→本時の内容から次時の学習課題をつなげる

07

教科書本文の分析を
授業に役立てる

1　本文と資料を関連付ける習慣を

　教科書の本文と資料を関連付けて読んでいくと，資料の多くは，本文の内容を反映させたものになっていることがわかります。逆に，資料を分析していくと，その内容が本文でまとめられている場合もあります。つまり，1つの社会事象を本文と資料の両面から表現していることが多いのです。教師が，教科書のそのような構成を事前に分析することで，授業時に子どもたちに本文と資料を関連付けて見る習慣をつけさせることができます。

> ・資料から言えることは本文のどこに書かれていますか。
> ・本文に書かれていることがわかる資料はどれですか。その資料のどの
> 　部分からわかりますか。

　このような発問をして，資料と本文との関連付けを意識化させましょう。その際，教科書の資料と本文を矢印で結び付けたり，「（棒グラフの）ここが『台風が多い』証拠」といったメモを書き加えたりすることで，資料と本文との関連性が視覚的にわかるようにすることが大切です。

2　本文を分類し，独特の表現をチェックする

　教科書の本文は1の社会的事実・歴史的事実の説明が一番多いですが，他にも「○○さんたちは…調べてみることにしました」「…気づいたことを話

し合いました」といった子どもの学習活動の様子を示したものや，「…も，水産業を続けていくためには必要です」というように考えを提示しているものなどがあります。これらは，子どもたちに学習活動の見通しをもたせたり，学習内容で押さえるべき考えとして提示したりして，活用ができます。

　また，強調している表現にも着目しましょう。たとえば，江戸時代の島原・天草一揆では，「幕府は，大軍を送ってようやくこれをおさえました」と書かれています（※）。「大軍」「ようやく」「おさえました」という表現から一揆の規模や影響の大きさが推測されます。

　※　教育出版「小学社会　6」（2019年検定済）P145

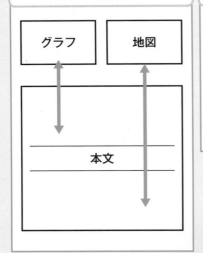

教科書本文を分析するポイント

社会的事実・歴史的事実の説明に着目する	学習活動の様子に着目する	述べられた考えに着目する
グラフ　地図 本文	・調べました ・話し合いました ・どのような努力をしているのでしょう	・〜が必要です ・〜という考えが求められています ・〜と願っています

本文と資料を矢印で関連付ける

学習の見通しや考えの例示として活用

事前に分析しておくことで，子どもたちに教科書の見方を提供することにもつながる

08

子どもたちに教科書の活用方法を教える

1　教科書の見方を学ぶ時間を設ける

　教科書は，見開きのページに，写真・グラフ・絵等の資料と本文が示されています。これらは主として学習内容に関わる情報です。加えて，その他に，学習課題，キャラクターのつぶやき，子どもの発言，学びの手引き，ノートの見本等があります。これらは，子どもたちにとって学習を進めるための情報です。

　このような教科書の見方は教師だけではなく，子どもにも意識させたいものです。そのために，「教科書の見方を学ぶ」時間を設けてみましょう。教科書を興味津々で見ている教科開きの時や，授業中のちょっとした時間でも構いません。「子どもの発言は考えるためのヒントになっている」「キャラクターのつぶやきで調べ方がわかる」といったことに気づかせていきます。

　教科書は学習内容だけではなく，学習をナビゲートする役割も果たしていることを意識していくようになります。

2　学び方や表現活動例を繰り返し使う

　教科書には学び方に関わるコーナーがあります。情報収集や資料の読み取り，表現活動等に関わる学習方法について，教科書内容に基づいて具体的に書かれています。教師にとっては，指導の一助となる記載が多く，たとえば「折れ線グラフの変化」の読み取りでは，読み取り方だけではなく，その理由の調べ方や今後の予想の方法まで示されています。

また，単元の終わりに表現活動の例が書かれていることが多いものです。ノートづくりや図や表といった基本的なものだけではなく，リーフレットづくり，関係図，プレゼンテーションと幅広い活動例が示されています。

　ここで大切なのは，**これらの学び方を子どもたちが自主的に繰り返し使うことです**。教科書の目次には，学び方についての一覧と該当ページが示されています。「地球儀の使い方はどこに書いていたかな？目次を見ると早いね」といった働きかけをしながら，目次から目的の情報に辿りつけることを教えていきます。また，表現活動においても，子どもたちにも進度に関係なく，教科書に出ている例は活用できることを伝えておくと，活用できる幅が広がります。

教科書には２つの役割があることを理解する

教科書 →
- ①学習内容（本文・資料）
- ②学習のナビゲート

ナビゲートの役割を果たしている３つの情報とは？

考えのヒント	学びの手引き	実例
・キャラクターのつぶやき ・子どもの発言 ・〇〇さんの話	・グラフの読み取り ・関係図づくり ・インターネットの検索	・子どもがまとめたノートの例 ・子どもの新聞例 ・カード例

自主的で継続的な学びのために目次の使い方も教える

09

教科書プラス・アルファで
学びを深める

1　身近な教材でプラス・アルファ

　　教科書の内容にプラス・アルファをして，学習を深めることは難しいことではありません。

　　たとえば社会科資料集を使います。注目したいのは，「教科書と違う情報」です。歴史の絵画資料で教科書と同じものが掲載されていても，解説が加わってわかりやすくなっているものがあります。もちろん，教科書にはない資料が掲載されていたら，それは子どもたちも活用できる新しい情報になります。「ＮＨＫ　for　School」に掲載されているクリップ動画も，教科書と違う情報としてすぐに活用ができます。

　　これらは，子どもたち自身が身近にある教科書プラス・アルファの教材として，調べる対象として準備をしておきたいものです。

2　教師が調べた内容をプラス・アルファとして提示する

　　教師が教科書に掲載されている資料を詳しく調べることで，子どもたちの興味・関心を高める場合があります。

　　以前，「蒙古襲来絵詞」の絵画資料について，教科書に掲載されている絵の他に異なる場面の資料を何点か提示し，読み取りをさせたことがありました。教科書や資料集には竹崎季長が元と戦う場面の絵画が大きく掲載されていますが，他の場面は小さく扱われているだけです。興味をもった子どもたちは，自主的に他の「蒙古襲来絵詞」の資料を調べていきました。教師が教

材研究をする成果は，授業での興味・関心を高めるだけではなく，このように子どもたちが調べ学習をしようとする姿に反映されます。

3 こだわり資料のプラス・アルファ

教科書での太平洋戦争の記述に，報道や出版が国の方針に沿うように制限されるようになったという内容がありました。教科書には本文のみで関連する資料はありません。そこで，当時の新聞記事からその内容に当てはまるものを提示して，子どもたちに当時の国民が置かれた状況を考えさせたことがありました。

このように，時には教師がこだわった資料を提示することも効果的です。

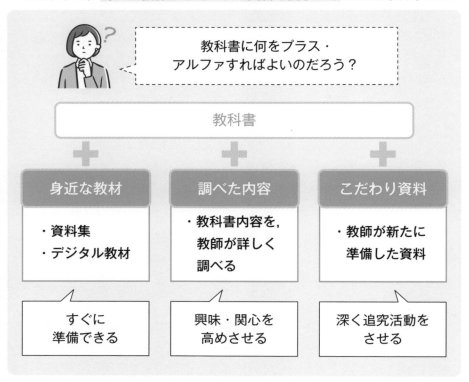

10
4つの方法で
地図帳使用率を向上させる

1　地図帳を知る時間を設定する

　地図帳の使用率は教師によって大幅に異なります。配付されるのが3年生ですから，この学年で地図帳に親しませておくことで，子どもたちのその後の使用率は変わってきます。

　時間を設けて，「地図帳には地図の他にどのようなことが示されているか（地図記号，使い方，資料などがある）」「都道府県の一覧はどこか」「私たちの住む〇〇県の情報はどこにあるか」といったことを教えておくだけで子どもたちは地図帳に親しみをもちます。

2　教科書内容とセットにして使う

　教科書内容で地図と関わりのある内容は，地図帳を使うようにします。地図帳を使い始める3年生の教科書でも，右のような学習で地図帳を併用できます。

　このように，どの学習で地図帳を使うことができるか教師があらかじめリストアップしておきます。4年生以上ではさらに使う機会が多くなります。

・方位
・地図記号
・絵地図作成
・市の様子
・食品の産地
・各地の地名

3　履歴をつけることで，使用頻度を実感させる

　教科書に地名が出てきた際には，地図帳で確認し，丸で囲んで履歴を残す

ようにします。再度地名を探して丸がついていた場合には，「**ここは一度前に調べたところだ**」と意識することができます。また，履歴が多いほど地図帳を使った回数が可視化されることになります。

4 統計資料を活用させる

　地図帳には学習内容に基づいた統計資料が掲載されています。特に，47都道府県別の統計資料には面積，人口，産業別生産額，伝統工芸品等が記載されています。**教科書にはみられない豊富なデータ量の一覧表は，資料の読解力を育てるために貴重**です。これらは，4年生で「県内の特色ある地域の様子」の学習や，5年生の国土や産業学習では，具体的な数値でその特色を実感することができます。

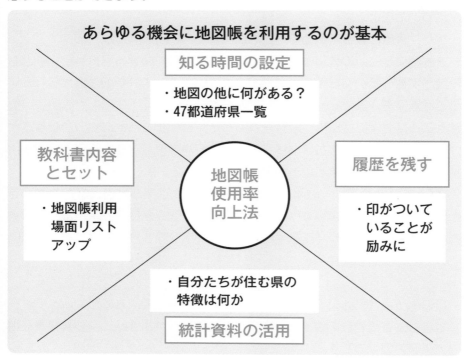

031

教科書の表紙や目次にも着目

　皆さんは自分が使っている社会科の教科書の表紙のデザインを思い浮かべることができますか？教科書活用といえば，一般的に本文や関連する図表が中心になります。なかなか表紙を使うことはありません。目次も子どもたちは使うことがあるかもしれませんが，教師が使うことは少ないでしょう。

　しかしながら，表紙のデザインにも意味がありますし，出版社も工夫をしています。これを使わない手はありません。たとえば，授業開きの際に表紙を見て，次のような発問をしてみましょう。
・何の写真でしょうか？
・気づいたこと，思ったことは何ですか？
・なぜ，表紙に載っているのだと思いますか？
　一般的に社会科の教科書の表紙には，学習内容に関する写真や絵，子どもたちが学習している写真などが掲載されています。これらの写真から「５年生では農業や工業といった産業について学ぶんだな」「３年生ではいろいろなところに見学に行って，取材をするんだ」といったことに気づかせることができます。子どもたちは具体的な学習内容や学習方法を知ることができますし，学習意欲が高まることが予想されます。
　さらに，「それでは，教科書に今言った農業や工業が本当に書かれているか目次で確かめてみましょう」と子どもたちに働きかけてみましょう。目次の中に「米づくり」や「工業生産」という文字を見つけ，そのページを開いてみるに違いありません。

　このように教科書の表紙や目次のことに授業開きで触れておくことで，子どもたちは表紙や目次のことを意識するようになります。これも教科書活用のアイデアの１つです。

第3章　学習問題づくりと単元づくり

11

単元導入場面で
問題意識を高める

1 単元導入での問題意識を高める資料の提示と働きかけ

　単元導入での課題意識を高めるために重要なことは，子どもたちが導入から気づきや疑問を次々と発言するような資料や事実を準備することです。

　教科書には子どもたちの問題意識を高めるのに適した資料が意図的に配置されていることが多いです。たとえば，6年生での武士の政治の学習において，教科書には「武士の館」の想像図があります。最初は気づきや思ったことを自由に発言させます。

・入口の門で見張りをしている人がいる
・戦うための練習をしている人もいる
・建物の回りに塀がある。深そうな堀もある
・田んぼでは米づくりを行っている人たちがいる

　これらの子どもの発言を教師が方向付けながら，「確かに見張りをしている人々がいるね。何をしているのだろう」「塀や堀があることでどんなよい点があるのだろうか」等，子どもたちの発言を「武士の暮らし」に焦点化しながら深堀りする働きかけをしていきます。そして「武士はどのような暮らしをしていたのか」という学習問題に導きます。

2 子どもたちの情報収集活動後に意識化を図る

　見学や調査等の子どもたちの情報収集活動は知識を得るだけではなく，学習問題の布石になります。たとえば，4年生のごみの学習で，家庭でのごみ

調査を行うと，多くの量と複数の種類のごみが出されていることがわかります。「それらのごみは誰がどのように処理しているのか」と問うと，ごみ収集車や近くのごみ集積所，リサイクルといった子どもたちの既有の知識が情報となって出てきます。**ここでの教師の役目は，子どもたちの知識や考えのあいまいさをゆさぶる**ことです。たとえば，ごみ収集車と集積所に関することなら次のようなゆさぶりが考えられます。

・ごみ集積所は学校の周りにはどこにあるのか
・ごみ収集車は週に何回，何曜日に来るのか
・どういうルールでごみを集めているのか

多くの子どもたちは「よくわからない」と答えます。ここで，子どもたちは「自分たちは，ごみのことをよくわかっていない」という自覚をもちます。このことが「問題解決したい」という意欲につながります。

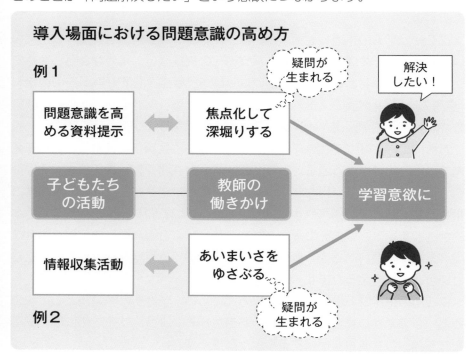

導入場面における問題意識の高め方

12

主体的な学習のために
見通しをもたせる

1　調べる観点と方法を決める

　学習問題に対して，子どもたちにどのように解決していくのか見通しをもたせるようにすることは，子どもたちが主体的に学習をするうえで大切なことです。まずは，学習問題に対する予想を考えさせましょう。既習内容や自分たちがもっている経験や知識をもとに子どもたちは何らかの考えを出すことでしょう。

　ここから学習の見通しを話し合います。ポイントは調べる観点と方法についてです。たとえば 6 年生での「平安時代の貴族はどのような暮らしをしていたのだろうか」という学習問題では，調べる観点として「藤原氏の政治」「貴族の一日」「貴族の文化」が出てくるでしょう。調べる方法として，教科書や資料集，関係図書，インターネット上の情報などが考えられます。

　方法については，子どもたちの実態に応じてより細かく決めることも考えます。たとえば調べる順番として，最初に全員共通で教科書を調べ，その後自分で別の方法で取り組むということが考えられます。これは調べる順番の指定です。教科書に調べやすい資料がそろっているので，まずはそこで基本的な内容を調べさせ，その後子どもたちが自分に合った調べ方で深く内容を調べるというねらいです。場合によっては，調べる資料を限定して取り組むということも考えられます。

　ここでのポイントは観点にしろ，方法にしろ，子どもと教師がともに決めるという点です。見通しを子どもたち自身がもつようにするためには，子どもたちが選択する場を保障することが前提です。

2 調べる過程で交流することも見通す

　同じ方法で調べ活動をしている子ども同士が，調べる過程でお互いの内容や取り組み方を交流することは意義があります。同じ資料を調べているもの同士であれば，異なる視点からの気づきが生まれることでしょう。たとえば，子どもたちが近くの人同士で話し合ったり，席を移動したりというように，学習活動に対しての一定の自由さを保障するということであれば，そのことも見通す段階で確認しておきましょう。自発的に活動する範囲が保障されることは，子どもたちの学習意欲を高めます。

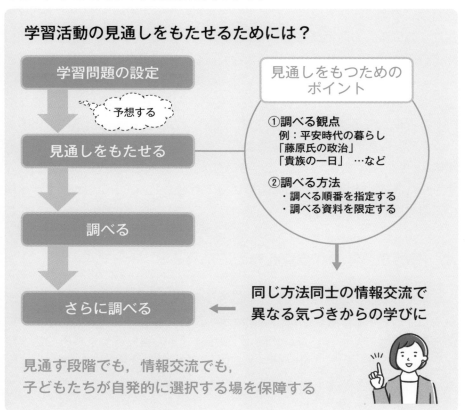

学習活動の見通しをもたせるためには？

学習問題の設定

予想する

見通しをもたせる

調べる

さらに調べる

見通しをもつための
ポイント

①調べる観点
例：平安時代の暮らし
「藤原氏の政治」
「貴族の一日」 …など

②調べる方法
　・調べる順番を指定する
　・調べる資料を限定する

同じ方法同士の情報交流で
異なる気づきからの学びに

見通す段階でも，情報交流でも，
子どもたちが自発的に選択する場を保障する

13

子どもたちの
つぶやきを生かす

1　共有化することの大切さ

　子どもたちのつぶやきは，子ども一人ひとりがもっている思考の芽です。それは，教師にとっては生かすことができる子どもの動きです。つぶやきの生かし方は教師の力量次第といえます。

　ここで大切なのは共有化の視点を教師がもっているかどうかということです。たとえば，学級全体で話し合いをしている最中に，「あれっ？おかしいよ」と1人の子が言ったとします。ここで，「どうして『あれ？』と思ったの？」と聞いてみましょう。「だって，○○だから」と答えたら共有化のチャンスです。教師はその子の疑問を広げようと，さらに全体に投げかけてみます。「今，○○さんが言ったことを『なるほど』と思った人？」と確認し，挙手した人にその疑問をさらに言わせることで，1人のつぶやきが学級全体に意識化されていきます。

2　教師が多角的な視点をもっていること

　5年生の暖かい地域のくらしの学習で，冬の寒さを毎年経験している子どもたちから羨ましいという反応が続きました。そんな中，1人の子が「かわいそう」とつぶやきました。教師はその時，「冬の美しさや楽しみのことかな」とピンときました。寒い地方のくらしには大変なことばかりではなく，冬だからできる楽しみもあります。そのような多角的な見方がいち早くできる子からのつぶやきでした。

このようなつぶやきを受け入れるためには，教師自身が多角的な見方をもっていることが必要となります。

3　つぶやきを認め合える学級に

つぶやきを言いやすい学級には，その子たちを受け入れる雰囲気があります。そのような学級をつくるには，まずは教師がどのようなつぶやきでも受け止めることが大切です。他の子が「おかしい」と思っても，つぶやきの意味を子どもに問いかけたり，教師がつぶやきの有用性を話したりすることで，他の子もつぶやきの背後にある考えを想像するようになります。

子どものつぶやきをどう生かす？

つぶやき＝子ども一人ひとりがもっている「思考の芽」

あれ？
おかしいよ！

ぼくは違うと
思う！

教師に必要なことは？

共有化の視点を
もっていること

多角的な視点を
もっていること

つぶやきを認め合える学級の雰囲気が土台に

まずは教師自身がつぶやきを
受け止めることから始めましょう。

14

新たな学習問題を広げ 学びを深める

1　学びを深めるための新たな問題

　1 単位時間の後半部分で，「これなら子どもたちの学びが深まる」というのであれば，問題意識を高める学習問題を提示したいものです。

- ●工業のさかんな地域の条件は何か。
  - （共通項の抽出）
- ●あなたが店長なら，どの工夫を一番大切にするか。
  - （自分事としての選択・判断）
- ●国内に工場があるのに，なぜわざわざ海外の工場を増やすのか。
  - （相（あい）対する事象の提示）
- ●食料の輸入を増やすことにあなたは賛成か。反対か。
  - （対立軸の提示と立場の明確化）

　これらは授業の前半部分で得た知識があることが前提になっています。このような学習問題は，波線部分の形式を応用して他の内容でも教師がつくることができます。

2　問題意識を共有化する

　教師からの学習問題の提示の場合，子どもたちの意識の高まりを観察することが大事です。もし，一部の子に限っている状態なら，教師は問題意識を

学級全体に広げる働きかけをする必要があります。

たとえば，「国内に工場があるのに，なぜわざわざ海外の工場を増やすのか」という学習問題の場合，同じように疑問に思っている子に発言させ，そのうえで「今，○○さんが言ったことを『なるほど』と思った人？」と聞きます。疑問の共有化です。

このような働きかけを小刻みに行うようにします。一部の子の疑問や解決したいという意識が学級全体に共有化されていくことは，学級全体の学習意欲の高まりに結び付きます。

学びを深める新たな問題例

学習問題の特徴	例
共通項の抽出	～（に共通すること）は何か？
自分事としての選択・判断	（何・どれを） 一番大切にするか？
相対する事象の提示	～なのになぜ，～か？
対立軸の提示と立場の明確化	賛成か，反対か？

「特徴」と「例」の部分を参考に，各単元で応用が可能

問題意識が一部の子の場合…

⇒教師が働きかけて，
疑問の共有化を図る！

今，○○さんが言ったことを
「なるほど」と思った人？

15

自分なりに単元の構成を研究する

1 自分で研究すると教科書の見方が変わる

　教師には日々の授業と教材研究に加え，様々な業務があります。ですから「単元指導計画を十分に吟味するのは時間的に厳しい」と考えている人は多いと思われます。ただ，全単元は無理でも学期に1～2度は自分なりに単元の全体構想について研究をしてみましょう。自分で単元の目標や内容を吟味すると，教科書の見え方も変わってきます。「教科書のこの内容は，単元目標のここに対応している」と気づくことにもつながります。

2 こだわりをもって学習指導要領を読む

　まずは，計画を立てる単元の該当部分について，「小学校学習指導要領解説　社会編」を一度読んでみましょう。ここで不明な部分や引っかかる部分はないでしょうか。たとえば，第4学年の内容の（3）の「自然災害から人々を守る活動」には技能に関わる事項として「聞き取り調査をしたり地図や年表などの資料で調べたりして，まとめること」と示されています。

　ここで「どのようにまとめたらいいの？身に付ける技能は何？」というような疑問が出てきませんか。このようなこだわりが大切です。これについては，続きを読んでいくと情報を集める技能，読み取る技能に加えて「時間の経過に沿って年表などに整理したり関係機関相互の協力関係を図表などにまとめたりする技能などを身に付ける」とあります。年表の整理や関係図をつくることを意識した単元計画を立てることの必要性が理解できます。

3 学習指導要領の具体を教科書で見つける

　学習指導要領の後に教科書を研究すると，学習指導要領に書かれている目標や内容の具体が，教科書の１単元の中に表現されていることに気づきます。

> ・だからこのような単元の学習問題と各時間の問いになっているんだ
> ・ここでの学習活動は，この技能を身に付けさせるものだ

　このような発見があれば，学習指導要領と教科書を研究したかいがあります。あとは学級の実態に合わせて単元の指導計画を立てていきましょう。

単元構成を研究する流れ

①こだわりをもって
　学習指導要領を読む

身に付ける技能は
何だろう？

教科書の見え方が変わる

②学習指導要領の具体
　が教科書に表現され
　ていることに気づく

・学習問題や問いの意図の把握
・学習活動の意味の理解

この学習活動で育てるべき
技能がわかった！

③実態に合わせた単元指導計画作成へ

教師自身は問題意識をもって
資料を見ているか？

「子どもたちが，なかなか問題意識がもてなくて…」という声を聞く場合があります。たとえば「11　単元導入場面で問題意識を高める」（p.34）に書かれているような「武士の館」（教科書の想像画）のような資料を提示しても，気づきが少ないというものです。

その前に，自分自身がその資料を見て，どれだけの気づきが出てくるか実際に試してみているでしょうか。「そのような時間はない」と思われるかもしれません。しかし，重要な資料に限定すれば取り組むことは可能です。そして，子どもたちが発見できないような気づきを教師が得ることでしょう。

たとえば，「武士の館」で目につくのが弓です。馬に乗りながら弓矢を放つ人，館の中で弓の手入れをする人，見張り台にも弓が置かれ，外を歩いている武士たちも弓を常備しています。当時の武器として重宝されていたことがわかります。同じ単元で蒙古襲来絵詞の絵の弓矢が行き交う様子と関連付けることができそうです。

その視点で考えると「いつから弓を使っていたのだろう？」と疑問がわいてきます。教科書をたどると縄文時代の想像図にすでに狩り用の弓が登場しています。

これは武器という視点で見ていった例です。教師自身がこのような問題意識をもって絵を見ることで，子どもたちから「弓の練習をしている」という発言が出てきたときに，「絵にはどれぐらい弓があるのか」「いつから弓があったのか」「他に武器は何があるのか」「どのように武器を使い分けたのか」というように，子どもたちをゆさぶることができます。教師が資料の見方を深めることで子どもたちの問題意識も変わってくるのです。

第4章 発問の技術

16

発問の種類を知り，
場面によって使い分ける

1 場面ごとに発問の種類を考える

　発問が教師の授業行為の中核をなすことは言うまでもありません。授業の
ねらいや学習活動が似ていても，発問によって授業の密度は変わってきます。
大事なのは，学習場面ごとに発問の種類を意識しているかどうかという点で
す。

　たとえば，導入なら「興味を高め学習問題に誘う発問」，展開前半では
「知識や理解を広げる発問」，そして展開後半では「考えを深める発問」とい
うように，学習の場面ごとのねらいに応じた発問を使い分けていきます。

2 場面ごとの発問の具体例

　3年生「交通事故をふせぐしせつ」の授業を例に主な発問を抜き出します。
■導入場面の発問
　「（カーブミラーの写真を見せて）これは何だろう」
　「カーブミラーがあることで，どんなよい点があるだろう」
　導入では，子どもたちの学習意欲を喚起して，その時間の学習対象に引き
込むことが重要です。この場合は，子どもたちの生活経験で見たことがある
カーブミラーを例にして，交通事故を防ぐ施設（以下，「施設」と略す）に
誘っています。
■展開場面前半の発問
　「まちにはどのような交通事故を防ぐ施設があるか」

「どこに施設があるのか。その理由は何か」

　話し合い活動を通して，子どもたちは施設について知識と理解を広げようとしていきます。これらの知識と理解が次の場面で必要となります。

■展開場面後半の発問

「もし，このような施設がなかったら，どうなるだろう」

　この発問によって，一つひとつの施設の果たす役割や必要性について，子どもたちは深く話し合います。

■まとめでの発問

「交通事故を防ぐ施設は，私たちのくらしにとってどのようなものといえるだろうか」

　これらの例のように，場面のねらいに応じた発問を使い分けていきます。

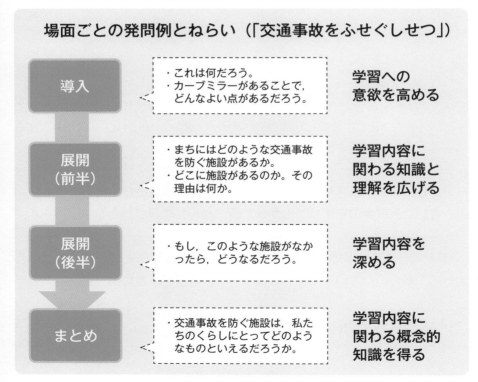

場面ごとの発問例とねらい（「交通事故をふせぐしせつ」）

導入	・これは何だろう。 ・カーブミラーがあることで，どんなよい点があるだろう。	学習への 意欲を高める
展開 （前半）	・まちにはどのような交通事故を防ぐ施設があるか。 ・どこに施設があるのか。その理由は何か。	学習内容に 関わる知識と 理解を広げる
展開 （後半）	・もし，このような施設がなかったら，どうなるだろう。	学習内容を 深める
まとめ	・交通事故を防ぐ施設は，私たちのくらしにとってどのようなものといえるだろうか。	学習内容に 関わる概念的 知識を得る

17

ゆさぶり発問で
多様な考えを引き出す

1 別の見方・考え方を促す発問

　一面的な子どもたちの見方・考え方を変えるには，別の見方・考え方を促す発問が有効です。

　たとえば，雪の多い地域の自然環境の厳しさや工夫を学んだ後，「雪の多い地域は住みにくいのだろうか」と別の視点から問います。このような発問づくりのためには教師の教材研究における気づきが前提となります。

2 仮想の発問

　「もし〜だったら」という場面設定は未来社会のみならず，現実社会を考察するうえでも有効です。

> ・もし，このまま森林が減り続けたらどのようなことが起きるだろうか
> ・もしごみ収集のきまりがなかったら，どんな問題が起きるか

　「森林の役割の大切さやごみ収集のきまりの必要性に気づかせる」というように，学習のねらいが明確であればすぐに活用できる発問です。

3 選択する発問

　「AかBか」「賛成か反対か」「どの考えを優先するか」というように，判

断を選択する発問は，選んだ立場が明確になるので子ども同士の話し合いも
違いが際立つことが多いものです。立場が明確になると，お互いの価値観を
表現し合うことにつながり，それを理解し合うことによって考えが深まるこ
とになります。

　教師自身がどれを選択しても納得する理由があるという事例を複数準備す
ることで生まれる発問です。

　３つの発問例を示しました。つくり方からわかるように，これらの発問を
生むためには教師が多様な視点から教材研究することが必要です。

多様な考えを引き出す３つの発問

①別の見方・考え方を促す発問	②仮想の発問	③選択する発問
雪の多い地域は住みにくいのだろうか	もし，このまま森林が減り続けたらどのようなことが起きるだろうか	AかBかどの考えを優先するか

これらのような発問を生み出すためには？

教師が多様な視点で教材研究することが必要

18

方法発問・関連発問で
学習技能を育てる

1 方法発問で学習技能を育てる

　社会科の発問を考える際には，学習内容をもとにすることが基本です。

　加えて，以下のような学習方法に関わる発問も加えてみましょう。これら
は学習内容がどのようなものであっても，また学年が異なっていても活用で
きるものです。

【調べ活動例】

・どの資料からわかりそうか

・資料のどこに注目すればよさそうか

・どの順番で調べるのか

・教科書のどこにその根拠が書かれているか

・何のキーワードで検索すればよいだろうか

【話し合い活動例】

・何を話し合うのか

・話し合いの時に大事なことは何か

・考えが違う時にはどうやって結論を出すのか

　これらを学習活動に応じて適宜子どもたちに問いかけます。子どもたちの
学習技能を伸ばす発問ですから，子どもたちが工夫している様子が見られた
場合には，全体に紹介するようにします。

2　関連発問で学習技能を育てる

子どもたちの発言のあと，様々な学習技能を伸ばす発問もあります。

> ・今の○○さんの発表のしかたでよかった点は何か
> ・○○さんが大事なことを2つ言ってたけど，それはどこか
> ・○○さんはどの資料の何という事実から今のことを考えたか

　これらは発言技能，聞き方技能，資料活用技能を意図したものです。発表者に関連する発問は内容だけではなく学習技能を伸ばすことができます。

学習内容の発問だけでなく，学習技能を伸ばす発問も行う

	調べ活動での発問例	話し合い活動での発問例
方法発問	どの資料からわかりそうか？	何を話し合うのか？
	資料のどこに注目すればよさそうか？	話し合いの時に大事なことは何か？
	何のキーワードで検索すればよいだろうか？	考えが違う時にはどうやって結論を出すのか？

	発言後の発問例
関連発問	今の○○さんの発表のしかたでよかった点は何か？
	○○さんが大事なことを2つ言ってたけど，それはどこか？
	○○さんはどの資料の何という事実から今のことを考えたか？

子どもに気づきが
生まれ，学習技能
が伸びる

最初に結論を
言えば
いいんだ！

19
探究的なテーマで
学習を発展させる

1 「提案する」テーマを設定する

　単元のまとめでは学習課題に対してわかったことを整理したり，考えたことを話し合ったりすることが多いものです。それを発展学習として探究的に取り組ませてみることで，学習をさらに深めることができます。

　たとえば，5年生の農業の学習で，後継者不足や米の消費量減少といった米づくり農家が抱える課題に対して，発展学習として「これからの農業に必要なことを提案しよう」というテーマを設定してみましょう。既習内容を活かしつつ，新たな情報を加えて思考を深める学習が展開できそうです。

　ここで大事なのは，教師と子どもが一緒にテーマを設定することです。教師からの一方的な提示ではなく，子どもたちが「日本の農業について提案したい」という思いを深められるように，1単位時間の振り返りを十分に行うことが大切になってきます。

2 「発信する」テーマを設定する

　学習内容に関わらず，学びを発信することは多くの単元で可能です。たとえば，4年生で県内の特色ある地域の学習をしたあとに「私たちが住む○○県の魅力を伝えよう」というテーマが考えられます。学区対象の見学学習で写真や動画等を撮影しているのであれば，それを生かして「動画で紹介しよう」「プレゼンしよう」というように，発信方法をテーマに入れることも可能です。

3 既習の学びを生かす

発展学習で，子どもたちが自主的に学習しているからといえども，教師からの働きかけは重要です。特に，重視したいのはそれまでの学びの視点が提案や発信に入っているかどうかということです。

たとえば提案であれば，安易なアイデアでなく，既習内容をもとにした説得力のあるものに練り上げるように支援していきます。発信するテーマでも，比較や関連付けや総合，情報の分析・整理，思考ツールの活用等，既習での学びに即した視点を組み入れるようにします。一定の条件設定により，探究的な学習が深まりのあるものになります。

探究のキーワード 「提案」と「発信」

単元のまとめでもっと学習を深めたい…
⇒2つの活動を取り入れて探究的に

①～を提案しよう	教師と子どもが一緒にテーマを設定する
②～を発信しよう	動画やプレゼンなど，発信方法をテーマに入れることも可能

データを比較して
提案してみよう！

学習した思考ツールを使ってプレゼンしてみたい！

いずれの場合も，既習の学びが生かされているかどうかを視点に教師が支援する

20
発問後の指示は
意図や見通しを明確に

1　意図をもった指示で学習活動を焦点化する

　指示の役割は，子どもたちに学習行動を促すことです。

　たとえば，寒い地方の写真を示して，「この写真から気づいたことは何でしょう」と発問します。何も指示をしなければ，すぐに挙手する子がいるでしょう。教師は挙手した子を次々に指名して授業を進めますが，そうすると挙手した一部の子のみの発表で授業が進むことになります。

　ここに以下のように指示を加えると学習活動が焦点化します。

---

① 「ノートに書きましょう。3分間です」（活動時間の明確化）
② 「5つ以上書きなさい」（目標の提示）
③ 「家の玄関に注目しなさい」（視点の提示）

---

　①は作業時間を明確にしています。②では目標を掲げています。③は注目すべき視点を提示しています。このような指示であれば，子どもたちの学習が促進されることでしょう。

2　学習活動を生かす指示をする

　子どもたちに指示の目的を話すことも時には必要です。たとえば，「食料の外国からの輸入を増やすことに賛成か反対か，話し合いましょう」と指示するだけではなく，「この話し合いで大切なのは，どちらか一方が正しいと

決めるのではなく，自分の考えを深めることです」というように**目的を事前に伝える**と話し合いの様子も変わってきます。

　また，「次の学習活動を見通した指示をする」という点も大切です。

　たとえば，「理由もノートに書きなさい」という指示は，**その理由をもとに話し合う**という次の学習活動を見通して行うものです。子どもたちにも，この理由が話し合い活動における自分の考えの根拠になるということを意識させたいものです。

学習活動を焦点化する指示　３つのポイント

| ３分間です | ５つ以上書きなさい | 家の玄関に注目しなさい |

「活動時間・目標・視点の提示」で指示が明確になる

学習活動を「生かす」指示のためには？

| ここで大切なのは○○することです | （それをもとに話し合うので）ノートに書きなさい |

| 指示の目的を話す | ＋ | 次の活動を見通して指示する |

➡ **「何のためにするのか」がわかる**

優れた発問を
追試してみることの大切さ

　私が小学校教員になった1980年代は，発問研究が盛んだった時代です。発問に関わる書籍が次々と発刊されました。インターネットがない時代でしたから，自費で書籍を購入し，自分なりに発問の研究をしました。若い頃でしたから経済的には厳しかったのですが，良質の情報に数多く触れられたことは，その後の自分の財産になりました。

　社会科教育における発問研究の書籍には，追試したいものがいくつもありました。特に，故有田和正先生（当時筑波大学附属小学校）の発問「バスには，タイヤが何個ついていますか？」「運転手は，運転しているとき，どこを見て運転しているでしょう？」は，当時存在した小学校2年生の社会科の有名な発問でした。

　この発問を追試したいと思いながら，なかなか小学校2年生を担任する機会はありませんでした。教師になって6年目で2年生を担任して，ようやく追試することができました。その時の子どもたちの豊かな反応ぶりは忘れられません。「バスには，タイヤが何個ついていますか？」の発問では，答えが1つしかないはずなのに4つの考えが出てきて，自分なりの理由をもとに子どもたちが強く主張をします。「1つの発問で，こんなにも授業が活気づくのか…」と価値ある発問の意義を感じたものです。

　やがて小学校2年生の社会科は廃止され，先のバスの運転手の発問の追試も一度限りのものになってしまいました。しかし，この一度だけの経験は，私の発問研究意欲をさらに高めるものとなりました。今は大学の講義や先生方対象の講座で，この発問を追試しています。受講する皆さんの反応も豊かで，大人対象でも改めて優れた発問の効果を実感できています。

第5章 板書・ノート指導

21

社会科における
板書機能を理解する

1 社会科における黒板のよさ

　ＩＣＴ機器が発達した現在でも黒板は教室の中心に存在し続けています。その理由として，社会科授業において次のような黒板の特長があるからと考えます。

> ○視覚化…広いスペースがあるので多くの情報提示ができる。
> 　　　　　資料が多い社会科授業でも対応ができる。
> ○自由化…大きさや色を工夫しながら文字を書くことができる。
> 　　　　　子どもたちからの発言も広く示すことができる。
> ○保存化…授業の導入から終末までの１時間分の情報が保存できる。
> 　　　　　課題設定からまとめまで一覧ができる。
> ○貼付化…あらかじめ準備しておいた資料の貼付・移動ができる。
> 　　　　　子どもたちに書いてもらった資料もその場で貼付できる。
> ○図式化…図を用いて情報をわかりやすく示すことで理解度が高まる。
> 　　　　　学習内容の関係図などが示しやすい。
> ○参画化…黒板を子どもたちに開放することで，子どもたちと一緒に板
> 　　　　　書づくりができる。

　社会科では特に資料を黒板に貼ることが多いです。その際，貼り付けるだけではなく様々な工夫が可能です。マーキングやマスキングで焦点化を図ったり，複数の絵を似たものどうし移動してグループ化して理解を促したりす

ることができます。貼付化，自由化のよさです。

2 ＩＣＴ活用での情報を黒板に残す

　大型モニターなどによるＩＣＴを活用した情報提示は，即時性というメリットがありますが，その場限りのことが多くなりやすいものです。授業の中で保存性を意識する際には黒板に同じ資料を掲示したり，示した内容を板書で残したりすることが重要です。ＩＣＴ活用のよさと板書のよさを併用することが，資料提示が多い社会科授業では大切です。

社会科における板書のよさ

多くの情報提示

様々な表現が可能　　　視覚化　　　情報の一覧提示

自由化　　　　　　　　　　　　　保存化

6つの
板書機能

貼付化　　　　　　　　　　　　　参画化

資料の追加移動可能　　図式化　　　子どもも板書に参加

図で理解度を高める

ＩＣＴ活用と黒板のよさをそれぞれ生かす

22

子どもの考えを
板書に位置付ける

1　焦点化した情報をキーワードで板書する

　社会科授業における基本的な板書構成は，たとえば，横書きで黒板を3分割にして，左は学習課題・予想・見通し，中は資料・考え，右は新たな課題・まとめという形が考えられます。

　その3分割した部分のそれぞれに，子どもたちの考えを位置付けることになりますが，その場合のポイントは「一定時間発表させたうえで，焦点化した情報をキーワードで板書する」ということです。ただし，教師にとって都合のよい情報だけを板書するわけではなく，予想などではその後の展開と異なる考えも位置付けていきます。

　時には「みんなの考えは，ここに示されたもので全部ですか？」といった確認をとっていくことで，子どもたち自身も自分の考えが位置付けられていることがわかります。

2　疑問も位置付ける

　子どもたちの発言だけではなく，重要な疑問やつぶやきも個別に板書に位置付けていきたいものです。「なぜ？」「本当？」といった板書は，学習の方向性を示すだけではなく，子どもたちの発言を促進する役割も果たします。必要によって発言者の名前を記載することも学習意欲の喚起を促すことになります。

3 黒板を子どもたちに使わせる

　「学区見学で発見した秘密を紹介する」「消防署についての質問を多く出す」というように，一人ひとりの発見や考えを一気に情報共有したいという場合には，子どもたち自身に黒板に書かせてみましょう。板書は教師だけのものではありませんし，**子どもたちも板書に参加することで学習への参画意識が高まります。**

　その際留意したいのは，見やすい板書のしかたを子どもたちに具体的に教えることです。特に人数が多い場合には，書く場所を班ごとに指定することが不可欠です。

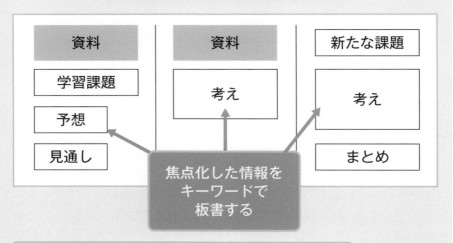

子どもの考えを位置付けた板書モデル

資料	資料	新たな課題
学習課題	考え	考え
予想		
見通し		まとめ

焦点化した情報を
キーワードで
板書する

◆ポイント
・つぶやきなどの疑問も位置付ける
・子どもたちに黒板を使わせて学習に参画させる
・書き方の指導（書く場所を指定するなど）

23

社会科ならではの
ノート技能をおさえる

1　資料の読み取りに矢印で考えを加える

　ノート技能はどの教科にも通じる基礎技能（たとえば，箇条書きと四角で囲む）と，その教科でよく使う技能があります。ここでは社会科でおさえたいノート技能について述べます。ポイントは授業スタイルに応じたノート技能を育てるということです。

　中心資料について時間をかけて読み取らせ，考えられることを話し合う授業では，自分が資料から読み取ったことをノートに書くことでしょう。

　その際，「読み取り→考え」というように表現することを教えます。矢印部分が多いほど，自分の考えが表現されているノートといえます。

2　比較する学習では2つに分けて焦点化する

　2つの内容を比較して考える際には，ノートの中央部に線を引き，左右にそれぞれの内容を記していきます。箇条書きにすると見やすいです。そのうえで，「2つの違う点（共通点）は何か」と考えさせたい時には，色鉛筆等でマーキングさせたり，矢印でつなげたりします。このことで，比較する視点が焦点化できます。

3　友達の発言の記録を，記号を使って整理する

　話し合い活動の時間が多い授業では，友達の発言を聞いている時間の方が

長いものです。そのような際には，聞いているだけではなく，友達の考えも短くノートに書かせてみましょう。ポイントは，記号を使ってそれらの考えを整理させるということです。

　たとえば，○（賛成）　！（共感）　？（疑問）というようにマークすることで一つひとつの考えが自分にとって意味をもつものになります。また，似た考えを線で結んだり，⇔の記号で違う考えを比べたりすることも効果的です。

社会科で生きる３つのノート技能

１．読み取りに矢印で考えを加える

> 自動車工場が海のそばにある（読み取り）
> →船ですぐに送れるから（考え）

２．２つに分けて焦点化する

森林の果たす役割となくなった場合を比較したノートの例

・動物のすみかになる	・水がたくわえられない
・ダムの働きをする	・川が汚れることがある
・木材を出してくれる	・動物が住みにくくなる
・キャンプなど，安らぎの場になる	・災害がおこりやすい
・木の実などの生き物が育つ…	・木材を出すことができない…
	色でマーキングする・矢印でつなぐ

３．発言を，記号を使って整理する

> ◆食料の輸入についての友達の考え
> 　・安全なことが大事　○（賛成）
> 　・安心できないものもある　！（共感）
> 　・国産の食料と値段の競争になると困る人もいる→どういうこと？（疑問）

24

自分の考えを
表現するノートに

1 短いコメントを吹き出しに

　授業中における子どもたちのちょっとした感想をどんどんと取り上げたい場合，ノートに吹き出しを書かせましょう。

　たとえば，「予想以上にへっていてびっくり」といった短いコメントなら，子どもたちもチャット感覚で書き込むことができます。これらはまとめで自分の考えを書く時のもとになります。

　このような技能を使うようにするために，「吹き出しでコメントすることで，どんなよさがあるか」というようにその技能のよさを考えさせましょう。「自分の思考の足跡がわかる」「まとめを考える時に便利」といった答えが返ってくることでしょう。そのことにより，子どもたちも技能を身に付け，活用する意義を感じるのです。

2 まとめで書き方を指示する

　課題に対応したまとめを書かせたいという場合には，以下のように指示することで，内容が焦点化されます。

> ・最初に賛成か反対かがわかる文を書きましょう。（立場の明確化）
> ・「たとえば」を入れて書きます。（例示の挿入）
> ・最後の文は，「だから」で始めます。（結論で終える）

「たとえば」や「だから」のように使う言葉を指定することで，子どもたちは例示や結論を書かざるを得ません。他にも「なぜなら」（理由の明示），「１つ目は」「２つ目」（複数の内容）といった言葉が考えられます。これらの言葉を使うことで，自由にまとめを書かせた時とは違ったまとめの文章になります。

子どもの考えをノートで表現させる方法

1．短いコメントを吹き出しにする

ノート

■吹き出しに入れる例
・予想以上にへっていてびっくり
・なるほど
・この考えいいな

吹き出しでコメントすることで，どんなよさがあるかな？

活用するよさを問い，意義を感じさせる

2．まとめで書き方を指示する

まとめの指示	意図
最初に賛成か反対かがわかる文を書きましょう	立場の明確化
「たとえば」を入れて書きます	例示の挿入
最後の文は「だから」で始めます	結論で終える
途中で「なぜなら」を使います	理由の明示

考えを書きやすい

25

板書・ノート・ICTを連携し思考のためのノートに

1　学びの足跡が残らないノート

　教師が板書をしたら，子どもたちが同じようにノートに書いているという学級は多いものです。「板書はすべてノートに記録する」という約束事になっている学級もあると思われます。

　ただ，社会科では子どもたちの考えや学習内容を板書するので，必然的に板書事項が多くなります。中には板書を写すだけで精一杯で，自分が発表することはもちろん，友達の発表を聞く余裕すらない子どもも出てくるかもしれません。ノートに板書を写した記録は残っているものの，自分が考えた記録や友達の発表から学んだことは残っていないというのでは，子どもにとっては学びの足跡が残らないことになってしまいます。

2　板書とノートとのルールを決めておく

　まずは板書と子どもたちのノートに関わるルールを最初に決めておきましょう。たとえば，次のようなことが考えられます。
・日付・題・学習問題・まとめは必ず書く
・色チョークで書いたキーワードや囲んだ部分は書く
・その他はその時間で教師が指示した通りにする（例「この部分はノートしましょう」「友達の発表を聞いて大事だと思うものを書きましょう」）
　これらはあくまでも最初の段階であり，子どもたちが慣れてきたら，たとえば教師が指示をしなくても，子どもたちに任せていいでしょう。

3 1人1台端末は第2のノートに

　1人1台端末は子どもたちのノート活用をどんどん変えています。たとえば，かつては教師が作成した資料を全員に配付する際にはプリントにして配付していましたが，今や端末に送信して書き込み等ができるようになりました。また，端末で自分の考えを打ち込み，それを全員で容易に共有することもできるようになりました。それまで，発表を聞いたり，立ち歩いて友達のノートを見たりしていたことを考えると，他者からの学びが容易にできるようになったと捉えられます。

　その点では，**1人1台端末は思考をするための第2のノート**といってよいでしょう。ノートと端末の併用を上手に行うことが，これからの授業では不可欠です。

「写すだけ」のノートから脱却する

写すだけで，今日も考えることができなかった…

思考のための
ノートになる

ルールを決めておく（例）

・必ず写すもの
　→日付・題・学習問題・まとめ・
　色チョークを使ったもの
・友達の発表は自分の判断で書く
・教師の指示があったもの

＋

1人1台端末活用

・自分の考えと友達
の考えを共有して
交流する
⇒第2のノートとし
て生かす

「ノート指導」に特化した時間

　ノート指導で様々な技能を指導することで，子どもたちの力は伸びます。同時に，「これなら自分もできそうだ」という意欲をもったり，「ノートを使ってよかった」といった経験をしたりすることが，ノート指導の土台になります。授業の中で一定時間（たとえば10分〜20分）を，上記の内容をもとにしたノート指導に特化した時間にすることをお勧めします。以下のようなものです。

①「見本ノート」を準備して，書き方を教える

　1時間のノートの実物例を教師がプリントにして配付します。吹き出しで「学習問題は青で囲む」といった注意事項も加えます。「今日はこのようなノートをつくっていきましょう」と呼びかけ，授業もそのノートに合わせた展開にします。書く量を多くしないことがポイントです。「これなら自分もできそう」という意欲を引き出すことが大事です。

②「ノートの価値」を話し合う

　時には「ノートをとっておくとどのようなよいことがあるか」という内容で話し合いをさせてみましょう。「書く力がつく」「用語を覚える」「考えを記録できる」「あとで見返したときに学習したことを思い出す」等の発言が出てくることでしょう。

③ノートに名前をつける

　②と連動して，ノートに名前を付けさせてみます。「力がつく社会科ノート」「わくわく社会」「カンペキノート」等のアイデアが出てきます。実際に表紙や1ページ目などにノートの名前をしっかりと書くことで，ノートに愛着もわいてきます。

第6章 資料提示・資料活用

26

資料提示の一工夫で
考えを引き出す

1　拡大して提示

　社会科授業ではＩＣＴ機器を用いた資料の拡大提示が日常的に行われます。この拡大提示にはいくつもの効果が考えられます。

　まずは拡大することによって視点を焦点化することができます。拡大投影して教師が指さすことによって，資料のどこを子どもたちが見ればよいのか，すぐに理解できます。また，情報の共有化が図られます。言葉だけで伝えるのが難しい場合でも，拡大した資料に子どもが指示棒で「ここの部分だけど…」と言い始めただけで伝わり方がまったく異なってきます。

2　隠して提示

　資料の一部を隠すことは，思考の焦点化という点で効果があります。
　（例）グラフの一部分を隠して，その部分を予想させる
　　　　→意外な結果になっていることが多い。その理由を考えさせる

3　情報を減らして見やすく提示

　資料の情報の多さは幅広い気づきを促す一方でわかりにくさを生む場合があります。特に，資料の読み取りが苦手な子にとっては顕著です。そのような場合には，資料の情報を減らして提示することが効果的です。

　（例）折れ線グラフで複数示されている折れ線をデジタル教科書で１本ず

つ示して，一つひとつの傾向を把握させる　→複雑なグラフも見やすくなる

4 一時停止して考えさせる提示

　動画を示す際には途中まで視聴させて「このあと○○はどのように判断したか」と問うことで，動画の続きを考えさせることができます。

　様々な資料の提示方法で，ワンポイントとしてできるいくつかを示しました。大事なのは，学習の目的に沿った提示方法を教師が選択することです。「子どもの考えを引き出すにはどの方法が適切か」が選択のための基準になります。

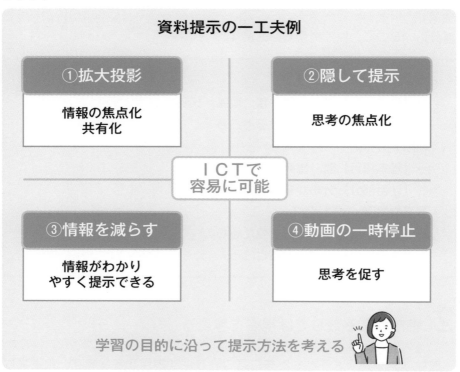

資料提示の一工夫例

①拡大投影

情報の焦点化
共有化

②隠して提示

思考の焦点化

ＩＣＴで
容易に可能

③情報を減らす

情報がわかり
やすく提示できる

④動画の一時停止

思考を促す

学習の目的に沿って提示方法を考える

27

資料の種類で
読み取り方法を変える

1 基本項目と注目部分をまずはおさえる

　小学校高学年では教科書に多くの資料が出てきます。グラフ，表，写真，分布図，歴史絵画等様々な種類の資料を1時間に一定数扱います。その際，教師が資料の読み取り技能を具体的に教えることは重要です。それは資料の種類ごとに変わってきます。ここでは，読み取る際の【基本項目】と【注目部分】の2つに分けて考えていきます。

　・棒グラフや折れ線グラフ
　　→【基本項目】題，出典，年，縦軸・横軸
　　　【注目部分】変化しているところ
　・地図や分布図
　　→【基本項目】題，出典，年，凡例
　　　【注目部分】分布が多いもの，場所
　・写真や絵図
　　→【基本項目】題，出典，見えるもの
　　　【注目部分】特徴のあるところ

---

2 細かな読み取りでは視点を与える

　細かなグラフでは子どもたちに気づきを促す視点を与えます。たとえば

「林業で働く人の変化」の棒グラフが３つの年齢層に分かれているのであれば，「それぞれの年齢層は，どのように変化しているか」，「大きく変化した年齢層はどれか」，「あまり変わらない年齢層はどれか」といった発問で視点を与えることができます。

3 作成者の意図を考えさせる

　歴史絵画資料では，「この絵を描いた人が伝えたかったことは何か」という問いで子どもたちに考えさせます。この働きかけは，「歴史絵画資料には作成者の意図が反映されている」ということを教えることにつながります。

資料の読み取りポイントは「基本項目」と「注目部分」

	資料の種類例	基本項目例	注目部分
①	棒グラフ 折れ線グラフ	題，出典，年，縦軸・横軸	変化しているところ
	地図 分布図	題，出典，年，凡例	分布が多いもの，場所
②	写真・絵画	題，出典，見えるもの	特徴のあるところ

①細かなグラフや図の読み取りは…
気づきを促す視点を与える

→ 「注目部分」を問う

②歴史絵画資料では…
作成者の意図を問い，
考えさせる

この絵を描いた
人が伝えたかった
ことは何？

28

複数の資料で
気づきを深める

1　比較する

　1つの資料だけでは気づきにくいことでも，複数の資料を提示することで，気づきを深められる場合があります。まずは，似た資料を比較することから始めてみましょう。

> ・例1　弥生時代の米づくりの絵と縄文時代の狩りや漁の絵を比べる
> 　　→違いから人々の暮らしの変化を読み取ることができる
> ・例2　輸出相手先と輸入相手先の地図を見比べる
> 　　→輸出と輸入の相手先の違いを読み取ることができる

　このように比較することで相違点が鮮明になります。
　逆に，目的によっては共通点を考えさせることで，子どもの思考を深めることもできます。たとえば，伝統的な沖縄の家と雪対策がある北海道の家の共通点を探させると，「住む地域の気候に合った家」という視点が子どもたちから出てきます。

2　まとめて示して考えさせる

　学習活動によっては資料をまとめて提示し，それらから気づきを考えさせたり，順番を考えたりすることで，ねらいに到達することができます。

- ・例1　室町文化に関わる写真（茶の湯，生け花，狂言，書院造等）を同時に示し，気づいたことを考えさせる
  - →それぞれの室町文化が，現代にもつながっていることに気づかせる
- ・例2　1年間の米づくりに関わる写真（田おこし，しろかき，田植え，除草，稲刈り等）をばらばらに提示し，順番を考えさせる
  - →並び替えを考える過程でそれぞれの作業の内容や必要性を考えることができる

　教科書には例のように，4〜5つの資料が掲載されている時間があります。その際に実践してみるとよいでしょう。

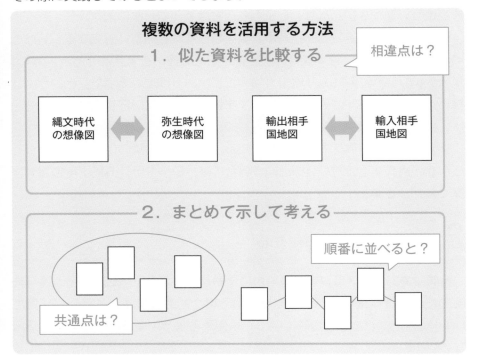

複数の資料を活用する方法

1. 似た資料を比較する

相違点は？

| 縄文時代の想像図 | ⟷ | 弥生時代の想像図 | | 輸出相手国地図 | ⟷ | 輸入相手国地図 |

2. まとめて示して考える

共通点は？

順番に並べると？

29

学習資料集の特徴を教えて
活用の幅を広げる

1 資料集を子どもたちが「研究する」時間をとる

　学習資料集には資料がカラーで見やすく示されています。子どもたちの興味をひくエピソードや各種ホームページと連動した情報もあり，教科書とは違った魅力があります。

　しかしながら，授業で資料集に関わる機会が少ないと，「学習資料集はあまり使う必要がないんだな」と子どもたちは考えてしまいます。

　そこで時間を設定して，学習資料集をじっくりと見て「研究する」時間をとってみましょう。特に教科書と比較してその違いを考えさせると，「写真が大きい」「情報が多い」「歴史人物のエピソードは楽しそうだ」というようなことを発見します。それらがそのまま教科書にはない資料集の特徴なのです。

　学習資料集の特徴を子どもたちが知ることで，資料集の使い勝手が違ってきます。研究する時間がないという場合には，ワークテスト終了後の10分程度でも十分です。

2 自由に使えるようにする

　授業中であれば学習資料集を自由に使わせましょう。学級によっては，教師の指示で資料集をようやく使うという場合もあります。子どもが「見たい」「調べたい」と思った時にいつでも使えるようにするのが効果的に活用するための基本です。

3 注目するのは「教科書にない情報」

　授業では教科書が学習の中心になります。学習資料集に似た資料が掲載されていたら，教師も教科書の資料を優先することでしょう。

　ただ，似た資料でも教科書には掲載されていない情報があれば，それは子どもたちにとっては貴重な情報になります。「資料集では教科書にない情報に着目すること」を日常的に教えておきましょう。

　これは教師の教材研究でも同様です。教師も事前に学習資料集を教科書と比較し，学習資料集にしかない情報をおさえておくことが必要です。

子どもが学習資料集をもっと活用するために

使う機会が
少ないと…

> あまり使う必要がないんだな…

資料集を「研究」させる	自由に使う	教科書にない情報に注目させる
・教科書と比較して特徴を知る ・使い方も学ぶ ・テスト後も活用	・自由に使える環境をつくる ・教師の考え方が重要	・資料集での注目ポイント ・教師も教材研究でおさえておく

> 資料集っておもしろい。情報もたくさん！
> 授業中にも使っていきたい！

30

子どもたちの興味・関心を
教材として授業に生かす

1　その子が興味・関心のある教材を探す

　子どもたちの興味・関心から教材を探すことは，子どもたちの学習意欲を高めます。たとえば，テレビ好きな子であれば，5年生の産業と情報の関わりの学習でテレビCMを教材化できます。歴史の道具が好きな子であれば，学校にある縄文時代や弥生時代のレプリカ教材を示すだけで，関心を寄せることでしょう。ゆるキャラに興味をもっている子なら，各地のご当地キャラクターを素材に授業を組み立てたりすることができます。

　一人ひとりの子どもたちの興味・関心を知っていることで，このように関連する資料を授業に生かすことができます。特に社会科に興味・関心をあまりもっていない子どもたちに対しては効果的です。

2　子どもたちが探した教材を教師が生かす

　先の例であれば，4年生では「県内の特色ある地域の様子」で学習した地域のゆるキャラについて，子どもたちがインターネット検索ですぐに見つけ出すことができます。そして，そのゆるキャラが各市町村の特色を表していることに気づくことでしょう。

　それは教師にとっても1つの授業資料となります。たとえば自主的に家庭学習ノートに書いたゆるキャラを取り上げて，「このゆるキャラは何か」「どこが特徴か」「どうして，そのような特徴になっているのか」と問いかけていくことで子どもたちが追究していく教材になります。また，探した子に答

えを解説してもらうことで，その子自身の学習意欲もさらに増すことでしょう。

3 発展としてつくる活動を

ゆるキャラは，子どもたち自身が探すだけではなく，「自分版」を作成することができます。各市町村が取り組んでいるように，「その市町村の特色が入っていること」を条件に，自分たちの住む市町村のゆるキャラを子どもたちにイラストでつくらせてみましょう。子どもたちは喜んで取り組みます。

この例のように，興味から追究へ，追究から学習活動へ，という流れを授業に生かしてみましょう。

子ども目線に立った教材活用

子どもたちは何に興味があるのかな？

➡ 実態を教材に生かす

その子が興味・関心を示す教材を提示

ゆるキャラってわかるかな？

子どもが探した教材を生かす

ゆるキャラを調べました！

授業で活用

つくる活動へ

○○市のゆるキャラを考えたよ！

学習資料集の古さは
使用頻度に比例する

　担任ではない５年生の学級に入った時のことです。社会科の授業を依頼されたのですが、子どもたちの学習資料集の「新しさ」が気になりました。２学期も後半の頃でしたから、子どもたちが使い始めて半年は経っています。この場合には、「古い」と思われる方が学習資料集をよく使い込んでいることになります。子どもたちに聞いてみると、やはりなかなか使う機会がないとのことでした。

　せっかく有料で購入したのに、もったいないことです。現在、調べ活動のツールとして１人１台端末が配付され、学習資料集よりも優先される場合がありますから、ますます活用頻度は少なくなってしまうかもしれません。

　ただし、学習資料集のよさは数多くあります。学習内容に関する興味ある資料が厳選されており、しかもビジュアルです。タブレット端末のように起動・検索といった手間もありません。

　私は教科書も学習資料集も授業中は常に開かせておき、常時子どもたちの目に触れられるようにしていました。また、本書にも書いていますが、単元末のワークテストが指定時間より早く終わった場合には、「資料集を見る時間」としていました。子どもたちも資料集を見ること自体は好きで、興味のある個所をよく見ていました。先々まで見ることを勧めていましたので、予習のような形でのちの学習に生かすことができました。

　学習資料集は地図帳と同様に、教師によって使用頻度が異なってきます。教室に置いておくことにしている学級もあると思います。そうであれば、なおさら学習資料集の使い方を工夫する必要があります。学習資料集を新しいままにするのも、どんどん使って古くするのも教師次第です。

第7章　調査活動・話し合い活動

31

見学学習は
事前・事後学習がポイント

1　事前学習ですべき3つのこと

①課題解決の意識をもつ

　3年生でのスーパーマーケットでの見学の例を取り上げます。

　事前学習で大切なことは，子どもたちが「スーパーマーケットで知らないことを解決したい」という目的意識をもつことです。たとえば，事前に「スーパーマーケットに多くのお客さんが来るひみつは何か？」と投げかけ，「ねだん」「品ぞろえ」「べんりさ」「働いている人」というように視点を話し合います。時には，「お客さんは本当にべんりだと思っているのだろうか？」というように教師からゆさぶりをかけます。この過程で，「調べてみたい」という見学への意識が高まります。

②見学学習でできることを知る

　見学学習で，担当者に引率されて一斉に説明を聞き見学するパターンでは，子どもたちの自主的な活動は制限されますが，一斉の活動のあと，グループでの自主活動が行われるパターンが可能ならば，指導の幅が広がります。その際必要なことは，「この場所だったら撮影をしてもよい」「お客さんの許可が得られたら，インタビューできる」などのように，できることを伝えておくことです。①で出た子どもたちの疑問に関わる情報を得られる機会が増えます。

③リハーサルをする

　②の活動例でインタビュー活動をすることになったら，それはインタビュースキルを伸ばすよい機会です。「役割分担」「質問内容決定」「必要なマナ

ーの確認」「メモの取り方」等をリハーサルして，本番に備えます。

2 事後学習でのポイント2つ

①内容と身に付いたスキルを振り返る

　事後学習では，内容の振り返りの他に，見学学習に関わるスキルの振り返りをするようにします。たとえば，先のようにインタビュースキルで身に付いた点や課題点を自己評価するだけでも，子どもたちは自分の成長を自覚することになります。

②新たな問いを考える

　見学活動は，見たり聞いたりしたことから学ぶ場ですが，同時に「新たな発見や問い」を生む場でもあります。事後学習の中で，思ったことや新たな疑問を深める時間を確保しましょう。その後の学習で生きていきます。

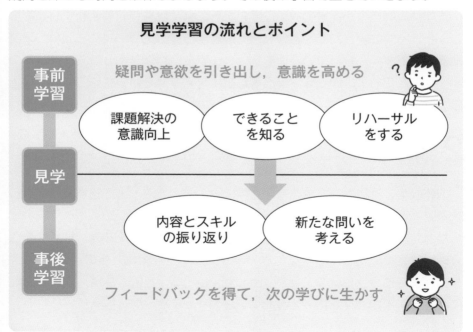

見学学習の流れとポイント

事前学習	疑問や意欲を引き出し，意識を高める
課題解決の意識向上	できることを知る	リハーサルをする
見学	
内容とスキルの振り返り	新たな問いを考える
事後学習	フィードバックを得て，次の学びに生かす

32

様々な情報収集活動を
経験させる

1 教師自身が様々な情報収集活動を知る

　社会科では様々な情報収集活動が考えられます。教科書には，絵，写真，グラフ，地図，分布図等の資料が掲載されています。時には地球儀や年表を使った学習もするでしょう。また，子どもたちは地図帳や1人1台端末も日常的に活用しています。各種施設の見学や学校図書館での調べ学習，体験活動からも情報収集ができます。

　まずは教師自身が授業のために，これらの様々な情報収集活動をしてみましょう。時間が限られているのなら，図書館に行ったついでに社会科の学習図書を見て学び，教材室の整理をしたついでに地球儀を使ってみる，などのようなことでもよいのです。**子どもたちに還元できる知識を身に付けましょう。**

2 情報収集の学び方のよさを考えさせる

　情報収集の具体的な方法を教える際には，その方法のよさも考えさせましょう。

　たとえば，地図帳で平面の地図を見慣れている子どもたちは，地球儀を使う時には喜んで触ったり，見たりします。使い方を教えた後に，「このような地球儀を使うよさは？」と問いかけましょう。「方位，距離，面積が正確にわかる」という学習内容の他に，「いろいろな方向から地球が見られる」「日本の反対側の国がわかる」といった反応も出てくるでしょう。**このよう**

なよさを考えることは，その方法を使うことへの意欲につながります。

3　子どもたちが自力で学べる環境をつくる

　子どもたちが様々な情報収集の方法を身に付けてくると，授業では自分に合った方法を選択するようになります。教師はそのための環境をつくることが大切です。たとえば，１人１台端末を使いたい時に使えるようにしておいたり，学校図書館から学習に関連する図書を教室に置いたりすることが考えられます。

　また，地球儀を使えるようにしておくだけではなく，その使い方のホームページを教えておくことも環境づくりの１つになります。

様々な情報収集活動を経験させるために

社会科の調べ学習，何をどのようにしたらいいのだろう…

⇒まずは３つのポイントをおさえる

①教師が経験する	②よさを考えさせる	③環境をつくる
「ついでに」の考えで様々な経験を積む →子どもに還元	「この情報収集のよさは？」と問う →活用意欲へ	ツールや資料を常時使える環境にする

情報収集力が育ち，調べ活動が豊かになる

33

「根拠」「焦点化」を意識した
話し合いをさせる

1　発言の根拠を示す

　話し合いにおける重要な方法として，「発言の根拠を示す」ことが挙げられます。次のような例が考えられます。

> ・○ページの折れ線グラフを見ると，自動車の国内生産はピークの時から400万台減っています。国内の工場や働く人が減るのは問題です。
> ・でも，○ページの地図では世界中に日本の自動車会社の工場があることがわかります。それは，日本の工業にとっても大切だと思います。

　2つの発言に共通することは，実際の資料からデータを読み取っていることです。説得力のある発言です。

　ただし，根拠をもとに発言することが苦手な子どももいます。そのような子たちのために，まずは共感したことを発言することも奨励してみましょう。「今の○○くんの発言は根拠が明らかで，納得がいきました」といったものです。このような発言も話し合い活動への参加意欲を高めることにつながります。

2　焦点化した発言にしていくために

　子どもたちが話し合いの目的を自覚していても，子どもたちが話し合いのスキルを身に付けていないと，考えが焦点化しにくいものです。たとえば，

賛成する内容とその根拠を話し合う際に，「１人ずつ順番に発表して終わり」という場合もあります。話し合いが焦点化するポイントは，以下のような視点と具体的な話し合い技能を子どもたちが身に付けているかにあります。

・みんなから出てきたものを大きく分けると…　（分類）
・まとめると●●に賛成の意見は…，▲▲に賛成の意見は…　（総合）
・○○さんに自分は同じ（反対）だけど，その理由は…
　（賛成・反対）
・今出ている□□と△△の２つの考えを比べると…　（比較）

　このような発言が，話し合いのプロセスで自然に出てくるような話し合い活動が理想です。

話し合いを深めるためには？

どのように話し合ったらいいの？

話し合いのこつがあるのかな？

発言の根拠を示す	話し合いの技能を身につける
・〜の資料から ・〜をみると ・共感した発言も奨励する	・分けると（分類） ・まとめると（総合） ・同じで（賛成） ・比べると（比較）

繰り返し行うことで自然に発言できるように

34

話し合いの目的を
明確にし，共有する

1 話し合い活動の目的を伝える

　授業における話し合い活動は，学習問題を解決するために行います。その
ため，「この学習問題を解決するために，話し合いをしよう」と事前に目的
を子どもたちと共有することが大切です。同時に，「進んで自分の考えを伝
えることで，終わった時にその考えが深まっていたらすばらしいね」と，教
師の願いを伝えるようにしましょう。

　このことは，重要な評価のポイントになります。

　・話し合いによって学習問題が解決できたか。
　　（あるいは解決の方向性を得ることができたか）
　・話し合いによって，自分の考えが深まったか。

　この2点について，話し合い活動後に振り返りをすることで，子どもたち
も話し合い活動をする意義を感じることができます。

2 話し合いの前に留意点を確認する

　実際の話し合い活動では，その内容に応じて留意点を確認しておくことが
大切です。たとえば，5年生の自動車の海外生産について，「あなたは，こ
のまま自動車の海外生産を増やし続けるという考えに賛成ですか。反対です
か」というテーマの場合，以下のようなことが考えられます。

○賛成派と反対派の決着をつけることが目的ではない
○大切なのは話し合いの中で考えが深まること
○異なる立場の意見に納得がいったら立場の変更は構わない

　特に重要なのは，異なる立場の意見です。賛成，反対の決着を決めるわけではないので，異なる立場の考えほど理解するように努めるように指導をします。質問や反論は，話し合いを深めることにつながることも伝えます。また，立場を変更することは，当初の考えが深まったことの証左なので，価値付けを図るようにすることで，話し合い活動は活性化します。

話し合いの前にすべき2つのこと

話し合いの目的を伝える

・話し合いによって学習問題が解決できたか
・話し合いによって，自分の考えが深まったか

留意点を確認する

・賛成派と反対派の決着をつけることが目的ではない
・大切なのは話し合いの中で考えが深まること
・異なる立場の意見に納得がいったら立場の変更は構わない

これをすればいいんだ！

これはダメなんだね！

子どもたちが納得して
話し合いに取り組めるようにする

35

ペア・グループ学習の
効果を理解しておく

1　説明する場面で

　ペア学習やグループ学習は，学びを深める話し合いの活動として位置付けられることが多いものです。同時に「全員参加」という視点で見ていくと別の意義ある活動として位置付けられます。

　調べたことや見学したことを説明する時に，**事前に相手意識をもたせる点**で，ペア学習やグループ学習は効果的です。たとえば，自動車工場の見学に行く前に，「今回はノートに見学の内容をまとめます。ペアで説明し合います」と予告しておきます。実際の見学後には，まとめの時間をとり，その後一定時間を設けてお互いに説明する時間とします。その際，「相手の説明から，自分が書いていなかったことがあったら加えなさい」と指示をします。自分が説明する際はもちろん，聞き手になった場合も，見学での学びを深められます。

2　アイデアを出す場面で

　あるテーマについて，子どもたちが何らかのアイデアを出す場合です。「私たちのまちの伝統工芸品をどのようにして広めたらよいか考えよう」「森林保護のためにできることを考えよう」といったものです。このような学習の初期の段階では，ペア学習やグループ学習によって，次のように「アイデアの幅を広げる」ことが可能です。

- ・まず一人ひとりがアイデアを考える。この時は少なくても構わない
- ・ペアあるいはグループで発表し合う
- ・他の人の発表からヒントを得て，新たなものを話し合う
- ・新たに出てきたアイデアを加える

　このようなアイデアを出し合う学習では，「発想が広がらない」という子どもたちも，参加意識が高まる効果が期待できます。

　なお，「説明する場面」，「アイデアを出す場面」ではどちらも，聞き手の際に話し手の考えを否定せずに受け入れることが必要です。このことは，「何を話してもよい」という話し手の安心感につながります。

ペア学習・グループ学習と「全員参加」の視点

それぞれの場面での効果を理解しよう

説明する場面	アイデアを出す場面
活動前に相手意識をもてる	学習への参加意識が高まる

聞き手側が相手の話を否定せずに受け入れる

↕

「何を話してもよい」という安心

考えの手がかりとして
選択肢を準備する

　「先生は，『自分の考えを出すだけでいいんだよ』というけど，どのように考えたらよいかわかりません」と，授業感想で書かれたことがありました。その子は話し合い活動でなかなか自分の考えを発表しませんでしたから，私が先のように言ったのでした。このメッセージに私は自分の不明を恥じました。

　話し合い活動の前提は各自が自分なりの考えをもつことです。しかし，学習内容によってはそれが難しい子どもたちもいます。そのような子どもたちへの手立ての1つとして考えられるのが，選択肢を示すということです。

　たとえば，5年生の国土の自然環境の学習で「森林を保護するために，どのような対策が効果がありますか」というテーマで話し合うとします。学級の実態によっては，その対策自体がなかなか出てこない場合があります。ここで大事なのは，いくつか出てくる対策の効果を話し合うことですから，あらかじめいくつかの選択肢を示すことで，効果の話し合いに焦点化することができます。

　調べ学習の際にも選択肢を提示することが有効な場合があります。たとえば6年生の「元との戦い」の学習で，日本が勝った理由を調べる際に「日本の武士ががんばった」「暴風雨が吹いた」「元軍に実は弱点があった」といった選択肢をいくつか示して，「この中で一番の勝因と思うものを詳しく調べてみましょう」と働きかけてみます。調べる前の予想段階でこのような視点が出てくれば別ですが，未習内容であれば難しいことも考えられます。先の視点を調べるための選択肢として示すことで，子どもたちの調べ学習も焦点化することができます。

第8章 UD授業とICT活用

36

授業のUD化は「視覚化」「焦点化」「共有化」から

1 「視覚化」で気づきを増やす

　授業のUD（ユニバーサルデザイン）化をすることの目的は，すべての子どもたちが授業で「わかる・できる」ようになり，学習問題を解決できるようにするためです。

　その手立ての1つが視覚化です。これは視覚的な情報を効果的に活用することで理解を深めたり，思考を促したりすることです。たとえば，6年生の教科書には「長篠の戦い」の絵画が掲載されています。大きな絵ですから，子どもたちの中にはどこを見たらよいか迷う子もいます。そこで一部分を拡大投影して大型モニターに映してみましょう。「左側には柵のそばに鉄砲を構えた人が多い」「右側では馬に乗った人が鉄砲に打たれて倒れているようだ」というように気づきます。また，最初は気づかなかった子でも，モニターの前で「ここです」と指摘されることで，どの場面を指しているか簡単にわかります。視覚化のよさです。

2 「焦点化」で見方を身に付ける

　焦点化とはねらいや活動，情報などを絞ることです。社会科では資料を示して「気づいたことは何か」と発問することがあります。しかし，資料から考えることが苦手な子にとっては，この発問だけでは気づきが生まれにくいものです。そこで先の絵画「長篠の戦い」なら，「右側の軍はどのような道具を使って戦っているか」「どちらが優勢か」と発問を絞ることで，「戦いの

絵では武器に着目して考える」という見方を身に付けることができます。

3 考えの「共有化」を図る

　共有化とは子どもの考えを広げたり，確認したりすることです。「長篠の戦い」の絵画で，「どうして，織田・徳川連合軍と武田軍はこんなにも戦い方が違うのか。そもそも何のために戦っているのか」とＡさんが発言しました。今後の学習に関わる大事な発言です。「今のＡさんの発言の大事なところは，どこでしょう。ペアで話し合いましょう」と子どもたちに投げかけることで，重要なＡさんの考えが共有化されます。

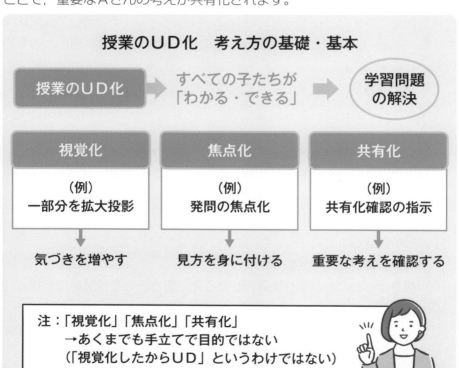

授業のＵＤ化　考え方の基礎・基本

| 授業のＵＤ化 | → | すべての子たちが「わかる・できる」 | → | 学習問題の解決 |

視覚化	焦点化	共有化
（例）一部分を拡大投影	（例）発問の焦点化	（例）共有化確認の指示
気づきを増やす	見方を身に付ける	重要な考えを確認する

注：「視覚化」「焦点化」「共有化」
　→あくまでも手立てで目的ではない
　（「視覚化したからＵＤ」というわけではない）

37

支援が必要な子への
個別対応を考える

1　つまずきの実態に合わせた対応を考える

　授業のUD化を考えるうえで大切なことの1つが，つまずきのある子への対応を考えるということです。たとえば，社会科授業において，「資料の読み取りができない」「発問に対して考えが浮かばない」「そもそも学習意欲がわかない」といったことです。そのような子どもたちに教師は何らかの個別の対応が必要です。

　その基本姿勢は，その子のつまずきの実態に合わせた対応をするということです。たとえば，次のようにです。

・写真資料を読み取る際に，どこを見たらよいかわからない
　→注目する部分を丸で囲んで教える
・考えを書いたものの発表に自信がもてない
　→事前に内容を確認して，「この考え，いいね。最初に指名するね」
　　と予告する
・まとめの書き方がわからない
　→板書からわかった部分を確認したうえで書き出しの言葉を指示する

　これらの個別の支援は，机間指導の中で行うことが基本ですが，一斉指導の中で行うことで他の子どもたちの役に立つ場合も多いものです。

2 特化した対応を準備する

　授業中でなくても，その子に対する対応を準備することができます。

　たとえば，社会科の学習意欲がなかなか高まらない子にはその子の興味の
ある資料や実物を準備したり，市や県の形を書くことが苦手な子のためにト
レーシングペーパーを用意したりすることは，その子のための対応になりま
す。教具や教材の準備ではなくても，今日の学習内容を事前に予告すること
もできます。

　つまずきのある子がいる分，その対応も異なってきます。その準備は時間
がかかることではありますが，先に述べたように，学級全体への指導にもつ
ながっていくものと考えましょう。

実態に合わせた個別対応の考え方

つまずきのある子

資料の読み方が
わからない…

まとめが
書けない…

つまずきの実態に合わせた対応を

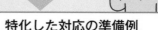

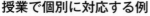

授業で個別に対応する例	特化した対応の準備例
○注目部分を丸で囲む ○発表の予告 ○書き出しの指示	○興味のある資料・実物 ○補助教具・教材 ○今日の内容の予告

38

指導の工夫の1つとして
ICTを活用する

1　ICTは活用が目的ではない

　授業におけるICT活用は，特別のものではありません。教師がデジタル教材を示したり，子どもたちが1人1台端末を使いこなしてICT機器を効果的に活用したりする事例は当たり前になりました。

　ここで留意しなければいけないのは，ICT活用自体が授業の目的ではないということです。**学習者に身に付けさせたい力があり，そのための授業の準備として実態把握や教材研究があり，具体的な指導の工夫の1つとしてICT活用が存在する**のです。

2　変化のある拡大提示を行う

　社会科の授業では，資料や画像，実物を授業で扱うことが多いものです。それらを情報機器で拡大提示する情報の視覚化の効果は大きいです。

　以前から教師が資料を大きく示すことは紙資料でも行われてきました。それがICT活用で容易になりました。たとえば教科書の資料を拡大提示し，口頭だけでは伝わりにくい部分を指し示しながら指導者が説明することで情報の共有化が図られます。

　ここで大事なのは，拡大提示した情報をどのように示すかということです。「指し示す」「マーキングする」等により子どもは注目する部分を的確に把握できます。また「グラフの一部を隠す・少しずつ示す」といった変化のある提示で，理解と追究意欲を促すことも可能です。

3 適切なデジタル教材の選択

　社会科に関するデジタル教材には良質かつ無料で使うことができるものが多いです。以下のものがお勧めです。

・NHK学校放送番組・動画クリップ：特に短い動画に情報が詰まっている
・Google Earth や Google マップ等の地図サイト：そのまちにいる感覚に
・教科書内容に関連する画像検索：興味・関心を高める画像が見つかる
・デジタルの学習ゲーム・クイズ：紹介すると授業以外でも取り組む

　これらの活用のポイントは適切な場面で適切な活用ができるように選択するということです。教師の選択のしかたは，子ども自身が複数のデジタル教材を活用する際の手本にもなります。

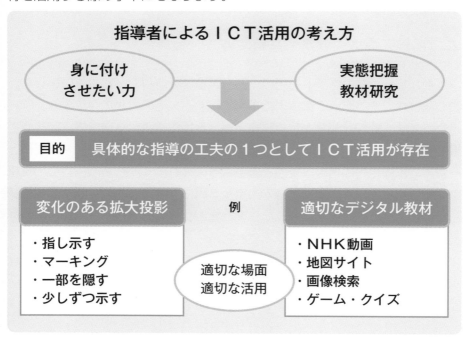

39
目的と場面を明確にして
ICTを活用させる

1　ICT端末活用の目的と場面が明確であること

GIGA スクール構想により，子どもたちに1人1台端末の環境が当たり前となりました。指導者によるICT活用のポイントと同様に，社会科の授業での子どもたちのICT活用の目的は，単元や1単位時間のねらいの達成です。そのためには，どの場面でどのような活用をするかを事前に明確にする必要があります。

2　情報を幅広く収集・共有する

以前からインターネットを用いた調べ学習は社会科で行われていました。持ち運びができる1人1台端末の環境になると，その幅が広がります。

たとえば，地域を対象とした調査活動（地域の特色，交通施設，商店や工場等）で情報記録ツールとして活用する場合，写真や動画撮影，インタビュー音声の記録化等の情報収集ができるようになります。さらにこれらの情報は教室に戻って，次の課題として活用する際には共有したり，繰り返し確認したりすることができます。また，実社会のゲストの方から，テレビ画面を通じてオンラインで情報収集することもハードルが低くなりました。

このように，幅広い情報収集と共有は授業で活用したいICT活用のメリットです。

3 協働作業で情報を分析・整理したり，まとめたりする

1人1台端末の環境によって，以下のように**子どもたちが協働で情報の分析・整理やまとめをする**ことも容易になりました。

> ・課題に関わる考えについて端末を用いてグループ内で共有し，グルーピングしたり，関連付けてまとめたりして，新たな考えをつくり出す
> ・子どもたちが1つのプレゼンテーションソフトを使って協働編集をしてテーマについての発表をする

学習内容をもとに，このような活動を組み込んでいく授業デザインを意識したいものです。

学習者によるICT活用の考え方

ポイント	「どの場面」で「どのような活用をするか」

学習効果は？　　育てる力は？

幅広い 情報収集・共有	例	情報分析・整理・ まとめを協働で
・調査活動で写真・動画等で記録 ・記録を共有 ・オンラインでゲストから学ぶ	ICT活用のよさを自覚	・考えを共有 ・協働編集で整理・分析 ・協働でまとめて発表

40

個別最適・協働的な学びへの
アプローチを理解する

1 個別最適な学びへのアプローチ

　個別最適な学びは一人ひとりに合った学習方法や内容を，子ども自身が選んで学習を進めていくことです。教師はそのための支援や環境づくりをします。社会科では1990年代に「学習の複線化」の実践が進められました。「学習の複線化」とは，子ども一人ひとりの思いや願いに弾力的に対応できるように，学習構成の要素を複数準備しておくことです。学習のめあてや方法，資料や事例なども複数の対象から子どもたちが選択し，学習を進めました。

　その時の実践の成果がこの個別最適なアプローチで生かせると考えます。そして1人1台端末という環境は，一人ひとりの学びやすさを後押ししています。それまでなら，デジタル資料やインターネットを活用したくても環境面で難しかったものが，個々人で使いたい時に使えるようになりました。

　ただし，調べ方に関わるルートが複数あったとしても，調べ方の技能が身に付いていなければ得られる情報が限られます。また，様々な学習方法のよさを理解しておらず，自分に合った学びを選択する基準をもっていないと，個別最適な学びがよりよいものになりませんので，留意する必要があります。

2 協働的な学びへのアプローチ

　協働的な学びは子どもが他者からの異なる情報の提供により，新たな考え方を生み出すことです。子ども同士である場合が多いのですが，社会科の場合にはゲストから学ぶこともあります。

協働的な学びも1人1台端末の環境になってから，学び合う方法の幅が広がりました。一人ひとりの考えを端末上で共有し整理したり，時には成果物を共同で編集したりすることもできるようになりました。

　また，グルーピングも固定せずに同じ視点や方法で取り組んでいるもの同士で集まる場合もあります。その点では，教師自身も柔軟な発想でグループを考えることが必要となります。

3 個別最適な学びと協働的な学びを組み合わせる

　個別最適な学びと協働的な学びを組み合わせる際，それぞれの学びの特色を生かせる授業デザインにすることが大事です。たとえば，調べ学習は個別最適な学びを中心に行い，それらの情報提供や話し合いでは協働的な学びを中心に行うというようにします。振り返りでそれらの学びのよさを子どもたちが自覚することで，自ら学び方を判断できるようにさせたいものです。

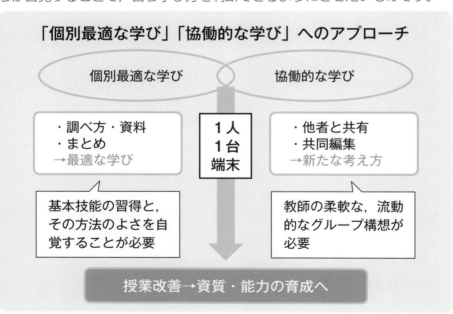

「個別最適な学び」「協働的な学び」へのアプローチ

個別最適な学び　　　協働的な学び

・調べ方・資料
・まとめ
→最適な学び

1人1台端末

・他者と共有
・共同編集
→新たな考え方

基本技能の習得と，その方法のよさを自覚することが必要

教師の柔軟な，流動的なグループ構想が必要

授業改善→資質・能力の育成へ

優れたデジタル教材を活用する

　１人１台端末の学習環境になることにより，子どもたちの学びの様子は変わりました。社会科は，もともとデジタル教材を活用することが多い教科ですが，端末の普及で子どもたちによるデジタル教材の活用が当たり前になってきています。

　インターネット上には優れたデジタル教材が数多くあります。社会科の中でお勧めなのは，「NHK for School」です。多くの先生方が知っていると思いますが，１人１台端末の普及により子どもたちが調べ学習で活用しやすくなっています。学習と関連するキーワードで検索すると，動画がいくつかヒットします。一つひとつの動画が１分～３分程度で，子ども向けの解説で構成されている点も活用しやすい点です。家庭学習でも興味をもった内容について，子どもたちが調べることができます。

　そのような動画以上に私が魅力的と思っているのが，「NHK for School」の各学年の番組です。社会科でも各学年で番組が制作されており，以下のような特色があります。
・１番組が10分程度
・子どもたちが興味をもつストーリーが展開されている
・教科書内容に即しつつ，プラス・アルファの知識を得ることができる
・子どもたちが深く考える場面も設定されている
　番組のホームページには専門家が作成した学習指導案やワークシートもあります。番組を活用した１時間の授業がしやすくなっています。
　私自身も番組を見て，「この教材を使って授業をするのは楽しそう」と教材開発の意欲を高めています。

第9章 学習評価・ワークシートとワークテスト

41

目的を意識して
効果のある振り返りにする

1 振り返りの目的を意識させる

　1単位時間の最後に行う振り返りには「学習内容の定着の自覚」や「学習意欲の継続」といった目的があります。子どもたちにも学年の発達段階に応じて，この目的は意識させましょう。目的が薄くなると，子どもたちは「振り返りではこう書けばそれでよい」といった形式的なものになりがちです。

　先の目的に即した，「わかったこと」「考えたこと」「友達から学んだこと」といった観点例を示すことで，子どもたちは振り返りがしやすくなります。最初のうちには共通の観点で書き続けて，慣れてきたら複数の観点のうちから選ぶようにするとよいでしょう。

　振り返る時間は授業の最後でしょうが，子どもたちは授業途中でこれらの観点を意識する機会は何度もあると思われます。その際にノートに簡単に「〇〇さんの考え，すばらしい」などとメモさせておくことで，振り返りがしやすくなります。

2 考えの変化を表現させる

　子どもたちが最初の自分の考え方の変化を自覚することは，学びが深まったことを示しています。それを子どもたちが自分で振り返ることで，学びの深化を自覚することになります。単元だったら「学習の1時間目と今では，どのような違いがあるか」と問いかけたり，「最初は〜と考えていたけど，今は〜だ」というような書き方を示したりすることで，考えの変化を振り返

らせることができるようになります。

3 学習活動や学習方法について振り返らせる

　自分の学び方についても振り返らせることは，自分に身に付いた力は何か
を考えさせることになります。ここでは単元の学びの過程を通してみること
ができる資料が必要です。子どもたちがしっかりと記録をしているのであれ
ばノートが大いに役立つことでしょう。１時間ごとのノートを振り返りなが
ら，様々な活動を通して，自分が学習のしかたで身に付けたことや伸びた点
を記させるようにします。

効果的な振り返りをするための考え方

振り返りの目的は？

| 学習内容の
定着の自覚 | 学習意欲の
継続 |

子どもに示す観点例

・わかったこと
・考えたこと
・疑問に思ったこと
・友達から学んだこと
・次に知りたいこと

効果的な振り返りのためには？

①考えの変化を表現させる

（例）はじめは，～～～～に反対だった。しかし，話
し合い活動を通して，～～～～のよさについてもくわ
しく知ることができた。

②学習活動・方法を振り返る

（例）発表で問いかけを入れながら話すとよいことを
学んだ。３班は問いかけから聞き手が変わった様子が
見えた。　※ノートなどをもとにする

42

手順と留意点を見直して よりよい学習評価にする

1 学習評価の手順と留意点

　学習評価には，教師の指導改善と子どもたちの学習改善の2つの目的があります。そのための手順として，評価規準と評価方法の設定が必要です。

　評価規準は，「単元の目標の設定」および「評価の観点の設定」を行ったうえで設定します。この際，細かすぎる評価規準にならないようにします。細かすぎると評価に割く労力が負担となり，先の目的のための評価ではなく，記録化のための評価になってしまいます。

　次にどの場面でどのように評価を行うか決めます。評価の方法です。3観点すべてを毎時間評価する必要はありません。ここでも評価が負担にならないようにします。

2 発言や観察の評価を記録に残す

　評価方法には様々ありますが，ノートやワークシート，ワークテスト，子どもたちの作品は，全員分集めてチェックすることができます。それに対して，授業中の発言や調べ活動の様子を観察する場合は，それらが形としては残りません。その点では何らかの形で記録しておくようにします。

　付箋紙にメモする，座席表に記号でさっと記す，音声で残しておくといったことが考えられます。時間が限られていて全員分は難しいということであれば，今日は3分の1の子たちを中心にするというのでもよいでしょう。残りは，学習の振り返りで「調べ活動でできたことを書きましょう」と指示し

て，その内容から考えるという方法もあります。

3 ワークテストを上手に使う

　小学校の場合，多くの学校で市販のワークテストを活用していると思います。専門家が作成しますので，問題構成や難易度等，妥当な評価テストとして活用することが可能です。特に「知識・技能」の評価で頼りにしている人も多いと思われます。

　ただし，留意しなければいけない点もあります。たとえば，主体的に学習に取り組む態度を評価する場合，ワークテストにその設問があるからといって，それのみで評価することにならないようにします。単元を通して子どもたちの様子を観察したり，評価対象の資料を用いたりして，子どもたちの粘り強い取り組みや自らの学習を調整する姿を見取りたいものです。

よりよい学習評価のために

①考えることが多すぎて評価が負担に…

・評価規準は細かくしすぎないようにする
・毎回３観点ではなく，絞って評価する

②発言や調べ活動の様子が見取れない

・付箋にメモする，座席表に記号を書く，音声を残すなど，何らかの形で記録化する

教師の指導改善と子どもたちの学習改善に役立てる

43

指導・学習改善につなげるために，共有を意識する

1 観点を教師と子どもで共有する

　事前の評価計画で毎時間の評価規準と方法を決めたものの，授業を進めるのに精一杯で評価が進まない場合があります。また，逆に評価に時間を割きすぎて授業中の指導に結び付かないということもあります。

　評価で大事なのは，指導改善・学習改善に役立つ評価になっているということです。たとえば，グループでの話し合いの時の評価規準を「これからの自動車づくりではどのような視点が必要か，グループの話し合いで自分の根拠を明らかにして考えを述べている」と設定します。この観点を教師だけではなく，子どもと共有するようにします。教師からは，授業が充実する働きかけがあり，子どもたちも根拠を意識しながら話し合い活動をするでしょう。

2 自己評価の目的を共有する

　自己評価として簡単にでもその時間の振り返りを書くことは，子どもたちの次時以降の学習意欲の喚起という点で大切です。教師がその振り返りを数名取り上げることも視点を広げる点で意義があります。

　ただ，毎回「〇〇がわかってよかったです」といった同じ振り返りを教師が取り上げていると，子どもたちは「そのように書けばいいんだ」と考えてしまう可能性があります。その点では，何のためにこのような活動をするのかという振り返りの目的を子どもたちに伝え，教師と共有する必要があります。目的が理解度の振り返りなら「わかった点に加えて，今日の学習でわか

りにくかったところも書いていいんだよ」と伝えることも大事です。そのような，子どもたちの率直な振り返りは教師にとって学習指導の改善につながる大事な評価となります。

3 肯定的な相互評価を共有する

　学習評価が子どもたちの学習改善につながるのであれば，教師による評価だけではなく，子どもたち同士の相互評価も重視しましょう。**肯定的な相互評価は学習意欲を向上させます**。何も特別に時間を設定する必要はありません。授業中の話し合い活動で「友達の発表で共感したところ，納得したところも発表しましょう」と働きかけます。

・Aさんの考え方は今まで学んだことを生かしていてすばらしいと思います。
・Bさんの発表は，明治時代の当時の人々の立場に立っていて納得しました。
　このような発言のよさを教師が共有することで肯定的な評価が広がります。

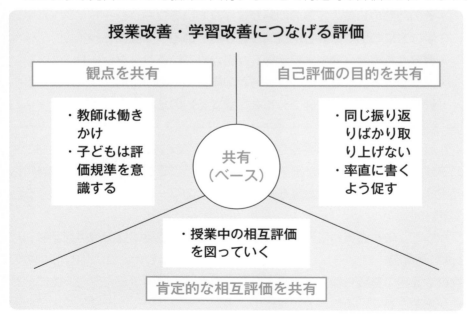

授業改善・学習改善につなげる評価

観点を共有
・教師は働きかけ
・子どもは評価規準を意識する

自己評価の目的を共有
・同じ振り返りばかり取り上げない
・率直に書くよう促す

共有
（ベース）

・授業中の相互評価を図っていく

肯定的な相互評価を共有

44

ワークシートのよさを引き出し評価につなげる

1 ワークシートのよさが生きる場面

　日常的にノートを使用している学級でも，「この学習ではワークシートを活用した方がよい」という場合があります。その際に検討すべきことは，ワークシートを活用するにはどのような学習場面が適しているかということです。

　たとえば，次のような学習場面です。

・その時間の知識の定着の問題が書かれているワークシート

・学び方についての詳しい説明が書かれているワークシート

・資料と指導言（発問・指示等）が書かれているワークシート

・見学学習やゲストティーチャーとの学習のための特別なワークシート

・資料作成（例：白地図に分布を記録する）のためのワークシート

　これらのように目的が明確であれば，ワークシート上での学習活動も効率的です。その目的に即した理解度を図るという点でもワークシートは非常に効果的なのです。学習定着度を把握するためのワークシートなどは特にそうです。

　かつて，教科書資料に日常の授業で行っている読み取りの視点を記載した「資料読解ワークシート」を作成したことがありました。読み取りのための視点や発問の意識化が少ない子どもたちにとっては，ワークシート上にそれらが記載されていることで視覚化の効果が大きかっただけではなく，自分の

思考の記録もワークシート上に残すことができました。ワークシートによって，子どもたちの評価も高まったのです。

2 教科書会社のワークシートを活用する

　ワークシートは学級の実態に応じて評価の内容が異なるので，担任が作成することが基本です。ただし，教材研究や授業準備の時間が限られている場合には，教科書会社や研究団体等のホームページにあるワークシートを活用しましょう。その内容はもちろん，正確さや見やすさでも一定レベルのワークシートで，活用しがいがあります。

筆者作成「社会科資料読解ワークシート集」

https://www.djn.co.jp/company/worksheet.html

はじめに検討すべきことは？

> ・目的が明確であるかどうか？
> ・子どもたちだけで取り組むことができるか？

ワークシートの活用が効果的な場面例

知識定着問題
学び方説明
授業での発問・指示を明示
見学やGTの記録
資料作成

判断基準は？

視覚的な支援や思考の記録ができるか
評価しやすさや正確さ見やすさはどうか

教科書会社や研究HPのワークシートも有効活用するとよい

45

ワークテストは
事前も事後も指導をする

1 テスト予告と内容の確認

　社会科の学習評価の1つとして市販のワークテストを多くの教師は使っています。その使い方については，教師に任せられていることが多いことでしょう。授業時間が限られているのでテストに関わる時間は最小限に留めるという教師もいれば，事前・事後指導に時間を注ぐ教師もいます。

　どちらにしても，事前にすべきこととして「ワークテストを行う予告を事前に行う」「ワークテストの内容を単元の学習に入る前に確認しておく」ことが挙げられます。

　予告は前日ではなく3日前ぐらいにしておきます。「テストがあるから単元の復習をしたい」と考える子たちへの時間的な保障はしたいものです。また，教師自身がワークテストの内容を事前に確認しておくのは当然のことですが，単元の学習に入る前にしましょう。ワークテストは学習評価の1つですが，他の評価方法とあわせて単元の評価計画を立てるためです。

2 テストの対策指導も行う

　ワークテストは日常の授業の延長で解くことができる問題がほとんどです。ただし，授業と異なるのは問いかけが問題文として示されているということです。ですから，問題文の読み取りに慣れさせることも必要です。たとえば，問題文を読んで「聞いていることは何か」「問題文に下線を引いている意味は何か」といったことを，例題をもとにトレーニングする機会を設けます。

その際大事なのは授業での指導方法と関連付けることです。たとえばグラフの読み取りの問題なら授業で扱った学び方を確認することで，子どもたちは「授業と同じように考えればいいんだ」と理解します。また，ケアレスミスを防ぐために，問題文の大事なところに丸をつけることや具体的な見直し方法も教えます。

3 速やかにテスト・採点・返却

単元終了時にワークテストをすることや，丸付けを早く行って次の単元に入る前に返却することが基本です。ワークテストの返却時に誤答を直すことは，単元の内容の理解し直しに通じます。つまり，その単元内の時間で行うことであり，子どもたちの学習の記憶が新しいうちにすべきことです。

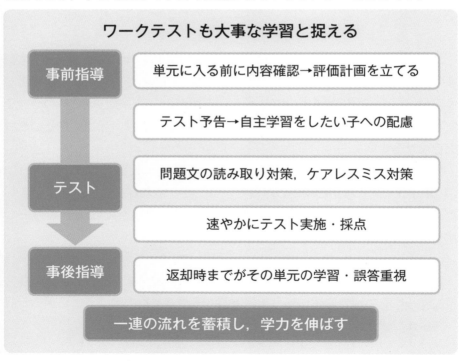

学びの跡を
短時間でその場でみる

　「授業後に一人ひとりの子どもたちの学びの様子について確認したいのだが，そのための時間がなかなかとれない」という先生は多いと思います。一日に授業が５〜６時間あり，翌日の授業の準備も不可欠ですから，授業時のノートは回収したが，目を通しただけで返却ということもあると思います。

　現実としてなかなか時間をとれないのであれば，基本的に子どもたちの学びの足跡を「じっくりと見取るのは単元ごと」と限ってしまうのも１つの方法です。子どもたちが単元のまとめとして書いた表現物（ノート，端末での作成物等）を，時間をかけて評価するのです。この際，１時間ごとの子どもたちの学びの様子については短時間で…と割り切ります。

　ただし，短時間でも効果的な方法はあります。私は社会科では，授業の最後の一定時間（３〜５分）にまとめを書かせていました。学習問題に対応する自分なりの答えに加えて，感想も入れるようにしていました。終わった子たちから持ってこさせるので，時間差が適度について長い列ができることはありません。
　見る時間は１人５秒程度で，全体をパッと見たうえでまとめを読み，「いいね」「うん，うん」と反応しながらハンコをついたり，丸をしたりしました。時には「いい感想！」「今日の発言，よかったね」といった声掛けもします。５分もあれば全員分見終わります。

　短時間でもノートを通じて子どもたちの学びを励ますことができるのなら，授業直後にその場で確認してみましょう。子どもたちとのコミュニケーションも深まります。

第10章 教材研究

46

教材研究は
3ステップで行う

1　対象を「素材」として教師自身が学習する

　　教材研究の最初は，学習対象を「素材」として教え方を抜きにして対象そのものを研究してみることです。たとえば，4年生の「県内の特色ある地域の様子」で，有名な伝統工芸品に代表される地場産業の例を取り上げます。まずは，次のような自分なりの疑問をもって調べてみます。

> ・地場産業が盛んになった理由は何か
> ・技術を身に付けるまでどのような努力をしたのか。今の苦労は何か
> ・伝統工芸品を広めるために，今はどのような取り組みをしているのか

　　このような疑問について，教師自身が関連する文献やホームページを調べたり，時には直接取材や電話取材をしたりして自分の疑問の解決を図ってみましょう。このような素材研究のよさは，対象素材について深く理解できるだけではありません。**子どもたちに対象素材を教える価値を把握できること，授業で活用できる実物や資料を入手できること，自分が辿った疑問の解決の過程が授業で生かされること**などが挙げられます。

2　学習指導要領から「教えること」を明確化する

　　対象とする素材研究が終わったら，次は教える内容を明確化することです。そのために，まずは「小学校学習指導要領解説　社会編」を読んでみます。

教科書の展開例も参考にして，教える内容を明らかにしていきます。

3 わかりやすく資料化する

授業では実際に子どもたちに提示する資料を作成します。留意しなければいけないのは，**子どもたちの実態に合わせて資料化する**ということです。たとえば，得られた資料が大人向けの場合，次のように資料化してみましょう。

> ・教師が指導意図をもとに表やグラフを適切に修正する
> ・必要に応じて，説明を資料に書き加える
> ・動画では学習と関わりのない無駄な情報を編集する

これらは学習する子どもたちのための配慮です。ただし，修正をする際には，都合のよい情報ばかりを示したり，データ自体を改変したりすることがないようにすることは言うまでもありません。

教材研究の3ステップ

STEP 1
教師が対象を教材ではなく「素材」として研究

教師も疑問をもって対象を追究する

STEP 2
学習指導要領から指導内容を明確化

適切に修正
説明を加える
動画は適宜編集

STEP 3
子どもたちの実態に合わせて資料化

47

限られた時間で
教材研究を行うには

1 教科書をすきま時間で読む

　日々忙しい中で，時期的に「教材研究をする時間が限られている」という場合もあります。そのような時には教科書をすきま時間で読む習慣をつけましょう。5分間あれば1単位時間分の内容も隅々まで読むことはできるものです。そのためには教科書は常に見られる状態にしておきます。会議の前，教室でのちょっとした時間等，探せばすきま時間はけっこうあるものです。付箋紙もあれば，読みながら考えた発問やインターネット等で調べた内容をメモすることができます。

　デジタルで教科書が見られる場合には，スマートフォンで同じことができます。移動の時間での教材研究も可能です。これらのことは，授業ぎりぎりではなく，単元に入る1〜2週間前から行っていきます。

2 すべきことをリストアップして見える化する

　教科書による基本的な教材研究をすきま時間で行っても，教材研究は十分ではありません。先の「教科書すきま時間研究」と並行して，単元ですべき教材研究をまとめて行います。

　その際，すべきことをリストアップして見える化しておきます。たとえば5年生の工業の学習であれば，次のような項目が出てきます。
・指導書，資料集の確認
・関連情報をインターネットで調べる

・学校図書館で工業関係の書籍をチェック

・先行実践を調べる

・単元構成・主発問を考える…等

　これらは一定程度の時間が必要です。一度単元レベルで行っておけば，再度授業直前で教科書研究をする際に読み方や見え方が変わってきます。

3 教育雑誌のバックナンバーを生かす

　自分が教材研究を深めたい教科については，関連する教育雑誌を定期購読することを勧めます。一定年数講読していると，気になるテーマについて研究したい時，バックナンバーをたどっていくとその特集号が見つかります。電子配信も行われている場合にはバックナンバーも揃えやすいです。

効率的な教材研究の方法

教材研究をきちんとしたい
でも，かけられる時間が限られている…

すきま時間で教科書を読む	すべきことをリストアップ	雑誌のバックナンバーで研究
・付箋紙でメモ ・その場でネットで調べる ・1〜2週間前	・単元でまとめて行う ・見える化効果（達成感）	・特定のテーマを研究 ・電子配信のものは便利

限られた時間でも方法を
工夫すれば効率的にできる

筆者は「社会科教育」誌を1985年から講読中

48

身近なところから
教材の種を見つける

1 「教材開発アンテナ」をもつ

　同じ対象のものを見ていても，ある人は「これは教材になる」と感じ，別の人には何も見えてこないものです。これは，対象を教材として開発しようとする「教材開発アンテナ」をもっているかどうかの違いです。

　教材開発が，次の単元や同じ学期の内容が対象というのでは，アンテナの範囲としては狭すぎます。現在担任している学年のみならず，全学年の各分野を教材開発のターゲットとしましょう。いくつものテーマを同時に追いかけることになり，「1つでも大変なのに，いくつもなんて…」と思われるかもしれません。ここで留意するのは，まずはテーマを決めてアンテナを張るという姿勢が大事だということです。

　不思議なもので，いくつものテーマをもっていることでその関連情報も入ってきます。それらを「教材の種」として記録化しておく。種が増えれば増えるほど，アンテナもさらに広がります。最終的に使わない種もあるかもしれませんが，教師自身の情報収集力は大きく高まります。

2 多くのメディアから情報を得る

　現在はインターネットの時代です。新聞や雑誌，テレビなどは，オールドメディアとも言われていますが，教材発掘の情報源としては貴重です。時には興味のあるテレビ番組を見たり，書店や図書館に出向いて書籍の背表紙や様々な雑誌を閲覧してみたりするだけで幅広く情報を得られます。このこと

は一次情報収集では大切なことです。

このような**一次情報では，自分自身の見方や考え方を変えそうな情報に着目しましょう**。農業は衰退産業という見方がありますが，一方でスマート農業が若者や企業の農業への新規参入を促しているという情報もあります。そこからスマート農業の教材開発が考えられるのです。

3 可能なら現地に行ってみる

教材開発の対象とする**現地に行ってみることは，新たな発見を促します**。地域の教材であれば十分に可能です。たとえば，消防署の見学の前に一度訪問してみるだけで，様々な施設の工夫やポスターなどが目に入ってきます。それらが見学前の教材になる可能性は十分にあります。

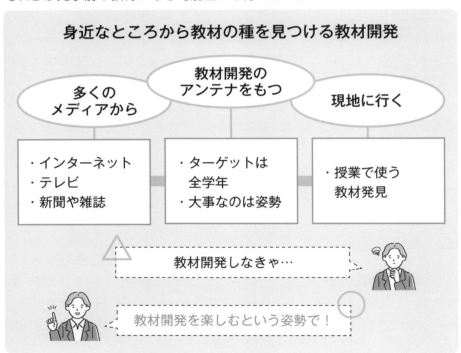

身近なところから教材の種を見つける教材開発

多くの
メディアから

教材開発の
アンテナをもつ

現地に行く

・インターネット
・テレビ
・新聞や雑誌

・ターゲットは
　全学年
・大事なのは姿勢

・授業で使う
　教材発見

教材開発しなきゃ…

教材開発を楽しむという姿勢で！

49

物・人・旅で
教材研究を楽しむ

1 実物は子どもの心をゆさぶる

　実物教材には，紙の教材やデジタル教材とは違った魅力があります。たとえば，「踏み絵」のレプリカを教室で示しただけでも，教科書や資料集で見た時と違って「ワーッ！」という反応があります。まさに，実物教材のもつ魅力です。

　このような実物は現在では容易に入手できます。学校にある教材カタログの中には土偶や銅鐸などのレプリカが掲載されています。またインターネットショップでも先に示した踏み絵，火縄銃や金印などのレプリカが購入しやすい価格で入手できます。

　それらの実物は，実際に子どもたちに見て触らせるだけではなく，使い方を考えさせてみることで価値が生まれます。たとえば，石包丁を実際に持たせて「どのようなことに使っていたのだろう」と想像させ，実際に子どもたちに使っている様子を再現させるだけでも，当時の暮らしの様子によりアプローチできるようになります。

2 人から学ぶ

　社会科は実際の社会で活躍している人々と接する機会が多い教科です。地域の祭りの伝統を守っている人，伝統工芸品をつくっている人，森林保護に携わっている人等，子どもたちが学ぶ対象の人々は，その学習内容の分だけ存在します。

教師は教材研究をする過程で，そのような人々に子どもたちより事前に接することができます。**専門家から学ぶ貴重な機会**です。私自身もその仕事に関わる誇りや地元への愛といったことを，専門家から学びました。「教材研究があるから，こんなに学べる」と思うと，教材研究も楽しくなります。

3 旅先で新たな学び

旅行は知見を広める大きな機会です。教材研究のために，**旅行先として学習内容に関わるところを選ぶということは，旅行の楽しみを何倍にもしてくれます**。記念に撮った写真や動画が教材になることもありますし，その土地の記念館で得られる学びも多いものです。

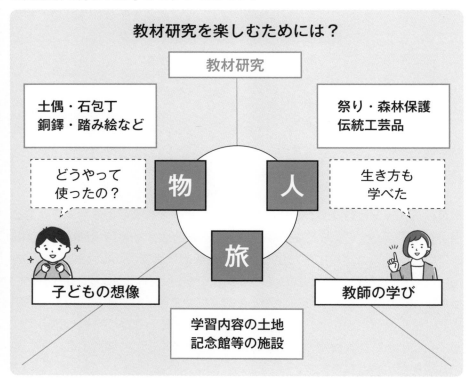

ゲスト・ティーチャーとの授業は
構成と質問がポイント

　ゲスト・ティーチャーとの授業の場合には，子どもたちの「ゲストから学びたい」という意欲を喚起しておくことが不可欠です。

　そのためには，あらかじめ事前の学習の中でゲストを「登場」させておきましょう。たとえば，3年生の学習で地域在住のホウレンソウ農家を招くのであれば，「ホウレンソウ農家の山田さん」という形で，写真や動画を示しながら，子どもたちが親しみをもつようにします。「今度，山田さんをゲストとして招きます」と告げて歓声があがるぐらいにしておきましょう。

　事前の打ち合わせでは基本的な学習内容と授業構成を明確にすることが大切です。特に，授業構成については，ゲストとともに考えましょう。たとえば，次のように，いくつかのパターンが考えられます。

・ゲストの話をメインにする

・子どもたちの質問をメインにする

・ゲストと教師が対談をする

・必要な時にゲストが登場する

・複数のゲストがグループに入る

　どのような授業構成にするかは，授業のねらいによります。ただし，どのようなパターンでも，子どもたちがゲストに質問をすることは学習を深める点で有効です。そのためには，事前に子どもたちの問題意識を高め，いくつもの問いを一人ひとりにもたせておく必要があります。たとえば，「山田さんはどのような苦労をしながらホウレンソウをつくっているのですか」といった直接聞かないとわからない質問を準備させましょう。また，授業においても「たとえばどういうことですか？」「お話を聞いて疑問に思ったのですが…」といった追加質問の方法を具体的に教えることで，質問力をさらに高めることが可能となります。

参考文献

・上條晴夫監修，佐藤正寿編著『やる気と集中力を持続させる社会科の授業ミニネタ ＆ コツ101』学事出版（2006）

・佐藤正寿『これだけははずせない！　小学校社会科単元別「キー発問」アイディア』明治図書（2010）

・佐藤正寿『プロ教師直伝！　「教師力」パワーアップ講座―0からプロになる秘訣23箇条』明治図書（2011）

・佐藤正寿『スペシャリスト直伝！　社会科授業成功の極意』明治図書（2011）

・佐藤正寿『新版　学力のつくノート指導のコツ』学陽書房（2013）

・澤井陽介『澤井陽介の社会科の授業デザイン』東洋館出版社（2015）

・澤井陽介・小倉勝登編著『小学校社会　指導スキル大全』明治図書（2019）

・国立教育政策研究所教育課程研究センター『「指導と評価の一体化」のための学習評価に関する参考資料　小学校社会』東洋館出版社（2020）

・佐藤正寿『WHYでわかる！　HOWでできる！　社会の授業Q&A』明治図書（2020）

・村田辰明編著，宗實直樹・佐藤正寿著『テキストブック　授業のユニバーサルデザイン　社会』日本授業UD学会（2021）

・『授業力＆学級経営力』編集部編『明日の授業が変わる「発問」の技術』明治図書（2022）

・『授業力＆学級経営力』編集部編『明日の授業が変わる「板書」の技術』明治図書（2022）

・佐々木潤『個別最適な学び×協働的な学び×ICT入門』明治図書（2022）

・大石学・小林宏己監修『小学社会3〜6（令和2年度版）』教育出版（2019）

・帝国書院編集部編『楽しく学ぶ　小学生の地図帳（令和2年度版）』帝国書院（2019）

・初等教育研究会編「教育研究」（2018年6月号）不昧堂出版

・「授業力＆学級経営力」（2020年3月号）明治図書

・「社会科教育」（2020年4月号〜2021年3月号）明治図書

・文部科学省教育課程課・幼児教育課編『月刊　初等教育資料』（2022年12月号）東洋館出版社

【著者紹介】

佐藤　正寿（さとう　まさとし）

1962年，秋田県生まれ。1985年から岩手県公立小学校に勤務。教諭，副校長を経て2018年から東北学院大学文学部教育学科教授。小学校教員時代は「地域と日本のよさを伝える授業」をテーマに実践を重ねた。現在は教員を目指す学生に自分の教員時代の経験を語っている。

著書に，『WHYでわかる！　HOWでできる！　社会の授業Q＆A』『ゼロから学べる小学校社会科授業づくり』『スペシャリスト直伝！　社会科授業成功の極意』『これだけははずせない！　小学校社会科単元別「キー発問」アイディア』（以上，明治図書）他多数。

図解　社会の授業デザイン
子どもの問いを深める49の視点

2023年7月初版第1刷刊　Ⓒ著　者　佐　藤　正　寿
　　　　　　　　　　　発行者　藤　原　光　政
　　　　　　　　　　　発行所　明治図書出版株式会社
　　　　　　　　　　　　　　　http://www.meijitosho.co.jp
　　　　　（企画）新井皓士（校正）大内奈々子・宮森由紀子
　　　　　　〒114-0023　東京都北区滝野川7-46-1
　　　　　　振替00160-5-151318　電話03(5907)6701
　　　　　　　　ご注文窓口　電話03(5907)6668
＊検印省略　　　　　組版所　広　研　印　刷　株　式　会　社

Printed in Japan　　　　　　　ISBN978-4-18-252320-5
もれなくクーポンがもらえる！読者アンケートはこちらから